ARTA SUBTILĂ A NEPĂSĂRII

ARTA SUBTILĂ A NEPĂSĂRII

O METODĂ NONCONFORMISTĂ PENTRU O VIAȚĂ MAI BUNĂ

MARK MANSON

Traducere din engleză de
Florin Tudose

EDITORI:

Silviu Dragomir
Vasile Dem. Zamfirescu
Magdalena Mărculescu

DIRECTOR:

Crina Drăghici

REDACTOR:

Domnica Drumea

DESIGN:

Alexe Popescu

DIRECTOR PRODUCȚIE:

Cristian Claudiu Coban

DTP:

Mirela Voicu

CORECTORI:

Maria Mușuroiu
Lorina Chițan

Descrierea CIP a Bibliotecii Naționale a României
MANSON, MARK
Arta subtilă a nepăsării : o metodă nonconformistă pentru o viață mai bună / Mark Manson ; trad. din engleză de Florin Tudose. - București : Lifestyle Publishing, 2017

ISBN 978-606-789-109-6

I. Tudose, Florin (trad.)

159.9

Titlul original: The Subtle Art of Not Giving a F*ck: A Counterintuitive Approach to Living a Good Life
Autor: Mark Manson

Lifestyle Publishing face parte din Grupul Editorial Trei

O.P. 16, Ghișeul 1, C.P. 0490, București
Tel.: +4 021 300 60 90 ;
Fax: +4 0372 25 20 20
e-mail: comenzi@edituratrei.ro

www.lifestylepublishing.ro

ISBN 978-606-789-109-6

Cuprins

Capitolul 1
Nu încercați

Charles Bukowski a fost bețiv, afemeiat, cartofor inveterat, mitocan, haimana, calic și, în zilele lui cele mai proaste, poet. Este, probabil, ultima persoană din lume la care ai vrea să apelezi pentru un sfat de viață sau pe care te-ai aștepta să o întâlnești în orice gen de carte de dezvoltare personală.

Din cauza asta, e cel mai bun punct de pornire.

Bukowski și-a dorit să fie scriitor. Dar scrierile sale au fost respinse vreme de zeci de ani de aproape toate revistele, ziarele, periodicele, agențiile și editurile cărora le-a trimis manuscrise. Oamenii spuneau că textele sale sunt groaznice. Necizelate. Provoacă repulsie. Sunt obscene. Și, pe măsură ce teancurile scrisorilor de respingere se adunau în mormane tot mai mari, Bukowski a alunecat tot mai adânc într-o depresie alimentată de alcool ce avea să-l urmărească aproape toată viața.

Bukowski sorta scrisori la poștă. Era plătit mizerabil, iar cei mai mulți bani din ce câștiga se duceau pe alcool. Restul îi juca la curse. Noaptea bea singur și uneori compunea poeme la vechea sa mașină de scris. De multe ori leșina în timpul nopții și se trezea dimineața întins pe podea.

Așa au trecut treizeci de ani, mare parte din ei fiind învăluiți într-un amestec confuz de alcool, droguri, jocuri de noroc și prostituate. Apoi, când avea deja cincizeci de ani, după o viață de eșecuri și ură de sine, un editor de la o mică editură independentă a început să manifeste un straniu interes față de scrierile sale. Editorul n-avea cum să-i garanteze cine știe ce venituri sau vânzări. Însă, dintr-un motiv anume, îl îndrăgea pe acest ratat bețiv și era hotărât să-i dea o șansă. Pentru Bukowski, a fost prima șansă adevărată, scriitorul înțelegând că probabil era și singura. Bukowski i-a răspuns editorului: „În ce mă privește, de-acum e una din două — rămân la poștă și-mi pierd mințile... sau plec, o fac pe scriitorul și mor de foame. Am hotărât că vreau să mor de foame".

După semnarea contractului, Bukowski a scris primul său roman în trei săptămâni. L-a intitulat, simplu, *Poșta*. Dedicația de pe prima pagină a fost la fel de simplă — „Pentru nimeni".

Bukowski avea să devină faimos ca romancier și poet. A publicat șase romane și sute de poeme, cărțile sale vânzându-se în peste două milioane de exemplare. Popularitatea lui a contrazis așteptările tuturor, în special pe ale sale.

Cultura noastră abundă în povești precum cea a lui Bukowski. Viața lui Bukowski e o întruchipare a Visului American: omul care luptă pentru ce vrea, nu renunță niciodată, iar în cele din urmă își îndeplinește cele mai nebunești visuri. E practic scenariul unui film. Când auzim o poveste ca asta, spunem: „Vezi? El n-a renunțat niciodată. Nu s-a dat bătut. A crezut mereu în sine însuși. S-a ambiționat, chiar dacă totul părea să-i fie potrivnic și până la urmă a făcut ceva cu viața lui!“

Atunci, e un pic straniu că pe piatra lui de mormânt stă scris „Nu încercați“.

Vedeți voi, Bukowski a fost un ratat, în ciuda faimei și a numărului de cărți vândute. El știa asta. Succesul său nu a fost consecința ambiției de a deveni un om de succes, ci a faptului că el a *știut* că este un ratat, și-a acceptat condiția și a scris cu onestitate despre ea. N-a încercat niciodată să fie altceva decât era. Scrierile sale sunt geniale nu pentru că autorul a avut de înfruntat o soartă ostilă sau pentru că a vrut ca numele său să ajungă unul de referință în literatură. Dimpotrivă. Farmecul scrierilor sale vine din dorința autorului de a fi complet sincer cu sine însuși — în special cu aspectele cele mai negative ale personalității sale — și de a vorbi pe șleau despre eșecurile sale.

Asta este adevărata poveste a succesului lui Bukowski: și-a acceptat condiția de ratat. Nu i-a păsat nici cât negru sub unghie de succes. A ajuns faimos, dar nu și-a pierdut obiceiul de a veni beat la lecturile de poezie și de a-și abuza verbal publicul. A continuat să-și expună zonele intime în public și să încerce să se culce cu orice femeie care-i ieșea în cale. Faima și succesul nu l-au făcut un om mai bun. Și nici n-a ajuns să aibă succes și să fie faimos pentru că ar fi devenit o persoană mai bună.

Dezvoltarea personală și succesul survin adesea simultan. Dar asta nu înseamnă că sunt una și aceeași.

Cultura noastră contemporană se concentrează obsesiv pe așteptări nerealiste de natură pozitivă: Fii mai fericit. Mai sănătos. Fii cel mai bun, mai bun decât toți ceilalți. Fii mai isteț, mai rapid, mai bogat, mai sexy, mai popular, mai productiv, mai invidiat și mai admirat. Fii perfect și extraordinar și fă o mărgică de aur de optsprezece carate în fiecare dimineață înainte de micul dejun, în timp ce-ți săruți de la revedere partenerul gata pregătit de un selfie și cei doi copii și jumătate. Apoi șterge-o cu elicopterul la minunatul tău loc de muncă, unde îți petreci zilele făcând lucruri incredibil de importante, lucruri care într-o zi s-ar putea chiar să salveze planeta.

Dar, când iei o pauză și te gândești cu adevărat, sfaturile convenționale de viață — chestiile pozitive și vesele de dezvoltare personală pe care le auzim tot timpul — se concentrează de fapt pe ceea ce *lipsește*. Sunt orientate spre *ceea ce tu percepi a fi deja defectele și eșecurile tale*, după care le accentuează încă mai mult. Înveți cum să faci bani mai mulți *fiindcă* simți că nu ai suficienți bani. Te așezi în fața oglinzii și-ți repeți tot felul de încurajări cum că ești frumos *fiindcă* simți că nu ești suficient de frumos. Accepți sfaturi despre întâlniri romantice și relații *fiindcă* simți că nu te poate iubi cineva. Faci tot soiul de exerciții caraghioase de vizualizare a succesului *fiindcă* simți că n-ai parte de prea mult succes.

Ironia e că această fixație pe aspectele pozitive — ce e mai bine, ce e superior — nu face decât să ne reamintească la nesfârșit ce nu suntem, ce ne lipsește, ce nu am reușit să devenim. În definitiv, nicio persoană cu adevărat fericită nu simte nevoia să se proțăpească în fața oglinzii și să-și recite mantre despre fericire. Omul fericit pur și simplu *este* fericit.

În Texas există o vorbă: „Câinele cel mai mic latră cel mai tare". Un bărbat sigur pe el nu simte nevoia să demonstreze că este sigur pe el. O femeie bogată nu simte nevoia să convingă pe nimeni că este bogată. Ești sau nu ești. Iar dacă visezi mereu la ceva, atunci nu faci decât să alimentezi la nesfârșit aceeași realitate subconștientă: cum că *nu ești* ceea ce vrei să fii.

Reclamele de la televizor vor să te facă să crezi că secretul unei vieți mai bune este un job drăguț, o mașină mai robustă, o prietenă mai frumoasă sau un jacuzzi cu piscină gonflabilă pentru copii. Lumea nu încetează să-ți spună că drumul către o viață mai bună înseamnă mai mult, mai mult, mai mult — cumpără mai mult, posedă mai mult, fă mai mult, regulează mai mult, *fii* mai mult. Suntem bombardați încontinuu cu mesaje cum că ar trebui să ne pese de orice, oricând. Să ne pese de noul model de televizor. Să ne agităm pentru o vacanță mai reușită decât vacanța colegilor noștri. Neapărat să cumpărăm noile ornamente de grădină. Și noul model de băț pentru selfie.

De ce? Bănuiesc că răspunsul e simplu: afacerile prosperă atunci când oamenilor le pasă de cât mai multe lucruri.

Cu afacerile prospere nu e nimic în neregulă, problema e că să-ți pese de prea multe lucruri dăunează sănătății tale mentale. Ajungi să te atașezi exagerat de aspectele superficiale și false și să-ți dedici viața urmăririi unei iluzii de fericire și satisfacție. Cheia unei vieți bune nu este să-ți pese de mai multe lucruri, ci de mai puține, adică de ce este adevărat, urgent și important.

Perfidul cerc vicios

Există ceva ciudat în legătură cu creierul uman, ceva ciudat și insinuant care, lăsat în voia lui, poate înnebuni definitiv un om. Spuneți-mi dacă vă sună familiar următorul scenariu:

Gândul că trebuie să confruntați pe cineva din viața voastră vă face să fiți anxioși. Anxietatea vă cuprinde pe nesimțite și ajungeți să vă întrebați de ce sunteți așa de anxioși. Ați ajuns în punctul în care deveniți tot mai *anxioși pe motiv că sunteți anxioși*. Oh, nu! Anxietate la pătrat! Sunteți anxioși din pricina anxietății, iar asta vă provoacă și *mai multă* anxietate. Repede, unde-i sticla de whisky?

Sau să presupunem că aveți probleme cu furia. Vă enervează cele mai stupide și mai tâmpite chestii, fără să înțelegeți de ce. Faptul că vă enervați atât de repede vă enervează și mai tare. Apoi, în timpul ieșirilor voastre josnice de furie, vă dați seama că un om furios mai tot timpul este un om superficial și rău.

Și detestați asta. Detestați atât de mult asta că deveniți furioși pe voi înșivă. Uitați-vă la voi: sunteți furioși pe voi pentru că v-ați enervat pe faptul că sunteți furioși. Dracu' să te ia de perete! Ia un pumn de-aici.

Sau sunteți atât de îngrijorați să nu care cumva să greșiți vreodată că deveniți îngrijorați pentru câte griji vă faceți. Sau vă simțiți atât de vinovați pentru orice greșeală că ajungeți să vă simțiți vinovați pentru câtă vină simțiți. Sau sunteți triști și singuri atât de des că doar gândul la asta vă face să fiți și mai triști și singuri.

Bun venit în perfidul cerc vicios. Probabil că ați ajuns de multe ori în el. Poate chiar în momentul ăsta: „Dumnezeule, eu trec prin bucla asta tot timpul — ce ratat sunt. Ar trebui să mă opresc. O, Doamne, mă simt așa un ratat când îmi spun că sunt ratat. N-ar trebui să-mi mai spun asta. Ah, rahat! Iar am făcut-o. Vezi? Sunt un ratat! Ah!“

Calmează-te, amigo! Mă crezi sau nu, chestia asta face parte din frumusețea de a fi o ființă umană. În primul rând, să ne amintim că foarte puține animale din lume dețin abilitatea de-a gândi logic, însă noi, oamenii, ne bucurăm de luxul capacității de a ne gândi *la* propriile gânduri. Abilitatea asta îmi permite să mă gândesc să caut niște videoclipuri cu Miley Cyrus pe YouTube, pentru ca imediat să mă gândesc ce nebun sunt că-mi doresc să văd clipuri cu Miley Cyrus pe YouTube. Ah, miracolul conștiinței!

Problema e următoarea: societatea contemporană, prin intermediul minunilor culturii consumeriste și al rețelelor sociale de tip hei-uite-viața-mea-e-mai-cool- decât-a-ta, a produs o întreagă generație de oameni care cred că nu este deloc în regulă să ai experiențe negative — anxietate, frică, rușine etc. Uitați-vă la fluxul de informații de pe Facebook: acolo toată lumea o duce extraordinar. Iată, săptămâna asta s-au căsătorit opt oameni! O puștoaică de șaisprezece ani, vedetă de televiziune, a primit un Ferrari de ziua ei. Alt puști tocmai a câștigat două miliarde de dolari inventând o aplicație care-ți aduce automat hârtie igienică atunci când rămâi fără.

În timpul ăsta, tu stai acasă și-ți speli pe dinți pisica. Te gândești fără să vrei că viața ta e chiar mai nasoală decât credeai.

Perfidul cerc vicios a devenit o epidemie de tip borderline, transformându-i pe mulți dintre noi în indivizi superstresați, supernevrotici și superdezgustați de sine.

Bunicul, la vremea lui, când se simțea de tot rahatul, își spunea: „Măi, să fie, chiar mă simt ca o balegă azi. Eh, asta-i viața. Ia să mai adun niște fân“.

Dar azi? Azi, când ne simțim aiurea, fie și pentru cinci minute, suntem bombardați cu 350 de poze cu oameni *complet fericiți trăind niște vieți al naibii de minunate*, așa că devine aproape imposibil să nu ne spunem că e ceva în neregulă cu noi.

Necazurile încep în această ultimă fază. Ne simțim prost din cauză că ne simțim prost. Ne simțim vinovați pentru că avem sentimente de vinovăție. Ne înfuriem pe faptul că ne-am înfuriat. Devenim anxioși din cauza anxietății noastre. *Ce e în neregulă cu mine?*

Din cauza asta e atât de important să nu te îngrijorezi. Nepăsarea va salva lumea. O va salva dacă acceptăm că e o lume nebună și că e în regulă să fie așa, pentru că așa a fost mereu și așa va fi și de-acum înainte.

Când nu-ți mai pasă că nu te simți bine, scurtcircuitezi bucla feedbackului diavolesc; îți spui „Mă simt ca naiba, dar cui îi pasă?". După care, parcă suflat cu un praf magic de nepăsare, încetezi să te mai urăști pentru că te simți prost.

George Orwell spunea că, pentru a vedea ceea ce ai în fața ochilor, e nevoie de un efort constant. Ei bine, soluția depășirii anxietății și stresului e chiar în fața ochilor noștri, dar noi n-o vedem pentru că suntem prea ocupați să ne uităm la pornografie și la reclame despre aparate care-ți dezvoltă musculatura abdominală, dar care nu funcționează, și să ne mirăm că nu călărim blonde perfecte și că nu avem abdomenele superbe din reclame.

În mediul online facem glume despre „problemele lumii a-ntâia", dar adevărul e că am devenit victimele propriului nostru succes. Problemele de sănătate cauzate de stres, tulburările de anxietate și cazurile de depresie s-au înmulțit copleșitor în ultimii treizeci de ani, în ciuda faptului că azi avem toți televizoare plate cu diagonală mare și primim cumpărăturile direct la domiciliu dacă nu avem timp să mergem la piață. Criza pe care o traversăm nu mai este de natură materială, ci existențială, spirituală. Avem la dispoziție atât de multe lucruri și posibilități că nu prea mai știm de ce să ne pese și de ce nu.

Fiindcă acum există o grămadă de lucruri pe care le putem vedea sau cunoaște, ne confruntăm și cu o grămadă de modalități prin care descoperim că nu suntem la înălțime, că nu suntem suficient de buni, că situația nu e atât de grozavă pe cât ar putea fi. Iar asta ne macină pe dinăuntru.

Ceva e foarte în neregulă cu toată porcăria asta numită „Cum să fii fericit", distribuită de enșpe milioane de ori pe Facebook în ultimii ani — iată ce nu înțeleg oamenii despre ea:

> **Dorința de a avea mai multe experiențe pozitive este prin ea însăși o experiență negativă. Și, în mod paradoxal, acceptarea experienței negative este în sine o experiență pozitivă.**

Nebunie totală. Vă las un minut să vă descâlciți mintea, după care poate citiți din nou: *căutarea experiențelor pozitive este o experiență negativă; acceptarea experiențelor negative este o experiență pozitivă.* Filosoful Alan Watts numea asta „legea efortului inversat" sau „legea pe dos"— potrivit căreia, cu cât cauți să te simți bine tot timpul, cu atât vei fi mai puțin satisfăcut, fiindcă, atunci când cauți înadins ceva, asta nu face decât să-ți intensifice senzația că lucrul respectiv îți lipsește. Cu cât ești mai disperat să fii bogat, cu atât mai sărac și mai nevrednic te simți, indiferent de cât de mulți bani faci de fapt. Cu cât ești mai disperat să pari sexy și să fii dorit, cu atât mai neatrăgător ajungi să te percepi, indiferent de aspectul tău fizic. Cu cât ești mai disperat să fii fericit și iubit, cu atât mai singur și mai speriat devii, indiferent de oamenii de care ești înconjurat. Cu cât cauți să te iluminezi spiritual, cu atât mai absorbit de tine și mai superficial devii.

Ca atunci când am luat LSD și casele spre care mă îndreptam mi se păreau tot mai îndepărtate. Și da, tocmai am folosit exemplul unei halucinații induse de LSD pentru a aduce un argument filosofic într-o discuție despre fericire. Nici că-mi pasă.

Cum a spus filosoful existențialist Albert Camus (și sunt destul de sigur că nu era drogat cu LSD când a formulat următoarea frază): „Nu vei fi niciodată fericit dacă tot cauți să afli din ce e compusă fericirea. La fel cum nu vei trăi dacă tot încerci să descoperi sensul vieții".

Spus mai simplu:

Nu încerca.

Bun, știu ce credeți acum: „Mark, mi se pare foarte interesant ce spui, dar cum rămâne cu acel Camaro pentru care am făcut economii? Cum rămâne cu corpul meu perfect pentru care m-am înfometat? Totuși, am plătit o căruță de bani pe aparatul ăla pentru abdomene! Cum rămâne cu vila de la marginea lacului la care visam? Dacă încetez acum să mă mai gândesc la lucrurile astea — păi, nu mai realizez *nimic*. Nu vreau să se întâmple una ca asta, nu-i așa?"

Mă bucur că ați întrebat.

N-ați observat oare că, atunci când vă pasă *mai puțin*, în legătură cu orice, sunteți mai eficienți? Ați observat cum de multe ori au succes cei care par inițial să aibă cele mai puține șanse de succes? Ați observat cum, uneori, când nu vă mai pasă, parcă toate se așază la locul lor?

Care-i faza cu chestia asta?

Legea efortului inversat se numește astfel dintr-un motiv: nepăsarea funcționează invers. Dacă a căuta cu orice preț să ai experiențe pozitive *este* o experiență negativă, atunci a căuta să ai experiențe negative dă naștere unei experiențe pozitive. Efortul dureros pe care-l faci în sala de gimnastică are drept efect mai multă energie și o stare fizică mai bună. Eșecul în afaceri te ajută să înțelegi mai bine ce îți trebuie pentru a avea succes. Paradoxal, atunci când ești onest legat de nesiguranța ta, cei din jurul tău te percep ca fiind demn de încredere. Deși o confruntare deschisă este dureroasă, tocmai asta ne aduce încredere și respect în cadrul relațiilor pe care le avem cu ceilalți. Curajul și perseverența se construiesc prin confruntarea suferinței provocate de frici și anxietăți.

Aș putea continua, serios, dar cred că ați prins ideea. *Tot ceea ce este important în viață se câștigă prin depășirea experienței negative aferente.* Orice încercare de a scăpa de experiențele negative, de a le evita, anula sau reduce la tăcere nu face decât să le alimenteze și mai mult. Evitarea suferinței *este* o formă de suferință. Evitarea efortului *este* un efort în sine. Negarea eșecului *este* un eșec. Ascunderea lucrurilor de care ne este rușine *este* în sine o formă de rușine.

Durerea este un fir din țesătura vieții; a încerca să o elimini nu este doar imposibil, ci și distructiv: încercarea de a rupe un fir din întreg destramă țesătura. A încerca să eviți durerea înseamnă a-ți păsa prea mult de durere. Atunci când reușești să fii nepăsător față de durere, în schimb, devii de neoprit.

Mie mi-a păsat de multe lucruri în viață. Dar de multe lucruri *nu* mi-a păsat. Nepăsarea, căile pe care am decis să nu le urmez au schimbat cu totul povestea.

E posibil ca fiecare dintre voi să fi cunoscut pe cineva care, într-un moment sau altul, a fost nepăsător, dar a realizat lucruri extraordinare. Poate că a existat o perioadă în viața voastră când nu v-ați bătut capul inutil și ați ajuns la performanțe extraordinare. În cazul meu, episodul în care mi-am dat demisia după doar șase săptămâni dintr-un post în domeniul finanțelor pentru a-mi porni propria afacere pe internet se clasează destul de sus în topul personal al „nepăsărilor". La fel episodul în care am decis să vând tot ce am și să mă mut în America de Sud. Mi-am făcut griji? Zero. Pur și simplu i-am dat bătaie.

Aceste episoade de nepăsare sunt momentele definitorii ale vieții. Schimbările cruciale în carieră; decizia spontană de a abandona facultatea pentru a intra într-o trupă rock; hotărârea de a-l abandona într-un final pe golanul care-ți este iubit și pe care l-ai prins de prea multe ori purtându-ți desuurile.

Să nu-ți pese înseamnă să privești în față cele mai terifiante și mai dificile provocări ale vieții și totuși să treci la acțiune.

Deși pare simplu, nepăsarea e o altă mâncare de pește. Nici măcar nu știu ce vrea să însemne expresia asta, dar nu-mi pasă. O altă mâncare de pește sună bine, așa că o lăsăm așa.

Majoritatea dintre noi ne chinuim toată viața pentru că ne pasă prea mult în multe situații în care n-ar trebui să ne pese. Ne pasă de mitocanul de la benzinărie pentru că ne-a dat restul în monede. Ne stresăm prea mult când serialul pe care îl urmăream a fost anulat. Ne deranjează că n-am fost întrebați de colegii de serviciu cum ne-am petrecut minunatul nostru weekend.

În timpul ăsta, cardurile de credit își ating limita de cheltuieli, câinele ne urăște, iar copilul se închide în baie să tragă amfetamină pe nas; dar noi nu observăm nimic, fiind ocupați să ne enervăm din cauza monedelor și a serialului *Toată lumea îl iubește pe Raymond*.

Oameni buni, lucrurile funcționează în felul următor. Într-o zi veți da ortu' popii. Știu că e ceva evident, dar am vrut să vă reamintesc, în caz că poate ați uitat. Voi și toți cei pe care îi cunoașteți veți muri destul de curând. Iar în răstimpul scurt dintre acum și atunci, cantitatea de griji pe care vi le puteți face din cauza vieții este limitată. De fapt, foarte limitată. Dacă vă învârtiți de colo-colo îngrijorându-vă despre tot și toți fără a gândi sau a lua decizii conștient — atunci sunteți terminați.

Nepăsarea implică o artă subtilă. Poate sună caraghios și poate că par un nenorocit când spun lucrurile astea, dar eu vorbesc despre cum putem învăța să ne concentrăm și să ierarhizăm eficient gândurile — cum să selectăm și să alegem ce contează și ce nu contează pentru noi în baza valorilor personale atent șlefuite. E incredibil de dificil. Necesită o viață de practică și disciplină. Veți eșua constant. Dar s-ar putea să fie cea mai importantă luptă din viața unui om. Este, poate, *singura* luptă din viața unui om.

Fiindcă atunci când îți pasă prea mult — când îți pasă de toți și de toate — o faci în virtutea sentimentului că ți se cuvine oricând să te simți bine, să fii fericit și că totul ar trebui să fie exact așa cum vrei *tu* să fie. Asta e de-a dreptul o boală. O boală care în cele din urmă te mănâncă de viu. Percepi orice obstacol ca pe o nedreptate, orice provocare ca pe un eșec, orice inconvenient ca pe o jignire personală, orice dispută ca pe o trădare. Ajungi prizonier al iadului tău personal și te perpelești la flăcările îngâmfării tale, într-o goană continuă în propriul cerc vicios perfid, fără a ajunge vreodată la liman.

Arta subtilă a nepăsării

Când își imaginează cum ar fi să nu le pese deloc, majoritatea oamenilor se gândesc la un soi de indiferență detașată față de tot și de toate, un fel de calm capabil să înfrunte orice furtună. Își imaginează că sunt și aspiră să devină niște persoane pe care nimic și nimeni nu le atinge.

Persoanele care nu simt nicio emoție și nu văd niciun sens în nimic poartă un nume: psihopați. Să fiu al naibii dacă înțeleg de ce și-ar dori un om să semene cu un psihopat.

Și atunci, *ce* înseamnă să nu-ți pese? Să analizăm trei „nuanțe“ ce ne-ar putea elucida în această privință.

Nuanța 1: a nu-ți păsa nu înseamnă a fi indiferent, ci a te simți confortabil cu faptul că ești diferit.

Să clarificăm. Indiferența nu are nimic admirabil sau benefic în ea. Oamenii indiferenți sunt jalnici și speriați. Experți în a zace pe canapea și a-i hărțui pe alții pe internet. De fapt, cel mai adesea, oamenii indiferenți fac eforturi să fie indiferenți tocmai pentru că le pasă prea mult. Le pasă atât de mult de ceea ce cred ceilalți despre părul lor, încât nu și-l spală și nu și-l aranjează niciodată. Le pasă atât de mult de ceea ce cred ceilalți despre ideile lor că preferă să poarte haina sarcasmului și a unei aroganțe nefondate. Se tem să-i lase pe ceilalți să se apropie de ei, așa că își spun că sunt niște fulgi de nea speciali și unici, ce suferă din pricina unor probleme pe care nu le-ar înțelege nimeni.

Oamenii indiferenți se tem de lume și de repercusiunile propriilor decizii. Și tocmai din cauza asta nu iau decizii care să aibă cu adevărat un sens. Se ascund într-o groapă cenușie, lipsită de viață emoțională, pe care și-au săpat-o singuri, absorbiți în sine și înecați în mila față de propria persoană, prinși într-o perpetuă distragere a atenției de la această chestie nenorocită, consumatoare de timp și energie, numită viață.

Iată unul dintre adevărurile perfide ale vieții. Nu se poate să nu-ți pese de nimic. *Trebuie să-ți pese de ceva*. Suntem programați biologic să ne pese mereu de ceva și să nu fim indiferenți față de tot ce se găsește în jurul nostru.

Așadar, întrebarea este de *ce* anume să ne pese? Care sunt lucrurile de care *alegem* să ne pese? Și cum să facem să nu ne doară capul pentru lucrurile care în cele din urmă nu contează?

Maică-mea și-a luat recent o țeapă financiară destul de serioasă din partea unui prieten apropiat de-al ei. Dacă aș fi fost indiferent, aș fi ridicat din umeri, aș fi sorbit o guriță de cafea și mi-aș mai fi descărcat încă un sezon din *The Wire*. Nasol, mami, îmi pare rău.

În schimb, am fost indignat. M-am înfuriat. „Nu, dă-o dracului de treabă, mamă“, i-am spus. „Ne luăm un avocat și mergem să-i facem curul arșice. De ce? Pentru că nu-mi pasă. Îi distrug viața dacă e nevoie să fac asta.“

Exemplul de mai sus este o ilustrare a primei nuanțe a nepăsării. Când spunem, „Ups, ai grijă, lui Mark Manson nu prea-i pasă“, nu vrem să spunem că lui Mark Manson nu-i pasă de *nimic*; dimpotrivă, spunem că nu-i pasă de obstacolele care-i stau în cale și că e dispus să facă ce simte că e corect, important sau nobil, chiar dacă prin asta supără câțiva oameni. Vrem să spunem că Mark Manson este genul de om care se poate pune pe sine pe primul loc fiindcă simte pur și simplu că așa este corect. Pur și simplu nu-i pasă.

Iar asta e ceva de admirat. Nu, nătărăule, nu e vorba despre persoana mea — ci de capacitatea de-a depăși obstacolele, despre disponibilitatea de-a fi diferit, de-a fi un exclus, un paria, doar pentru a rămâne fidel propriilor valori. Puterea de-a privi eșecul în față și a-i arăta degetul mijlociu. Sunt admirabili oamenii cărora nu le pasă de obstacole, de eșec, de riscul de-a se face de râs sau de-a face pe ei de frică. Oamenii care râd și apoi fac oricum ce cred de cuviință. Fiindcă știu că așa trebuie. Știu că e ceva mai important decât persoana lor, decât sentimentele, mândria sau orgoliul lor. Acești oameni nu spun „să se ducă naibii" tot ce se întâmplă în viața lor, ci doar lucrurile *neimportante* din viața lor. Își permit să le pese doar de ceea ce contează cu adevărat. Prieteni. Familie. Țeluri. Burritos. Și, din când în când, câte o vizită la tribunal. Din cauza asta, din cauză că le pasă doar de lucrurile mari, importante, oamenilor, la rândul lor, le pasă de ei.

Ajungem la un alt mic adevăr perfid despre viață. Este imposibil să fii o prezență importantă, de impact în viața unor oameni, fără a fi totodată un neisprăvit pentru alții. Pur și simplu nu se poate. Nu s-a inventat încă existența complet lipsită de obstacole. Nu există. O vorbă veche spune că vei ajunge la capătul drumului pe care ai pornit. Se aplică și în cazul adversității și eșecului. Oriunde vei merge, vei găsi, printre alte lucruri, și o tonă de lucruri urâte. Și este foarte bine așa. Ideea nu e să fugi de ele. Ideea e să identifici genul de lucru urât cu care să-ți placă să ai de-a face.

Nuanța 2: ca să nu-ți pese de obstacole, trebuie să-ți pese de ceva mai important decât obstacolele cu care te confrunți.

Imaginați-vă că sunteți într-un magazin și vedeți o doamnă în vârstă care și-a pierdut cumpătul și țipă la casier din cauză că acesta nu vrea să-i accepte cuponul de treizeci de cenți. De ce-i pasă doamnei atât de mult de chestia asta? E doar un cupon de treizeci de cenți.

Păi, să vă spun de ce: probabil că doamna nu are altceva mai bun de făcut cu viața ei decât să stea acasă și să decupeze cupoane. E bătrână și singură. Copiii ei sunt niște neisprăviți care n-o vizitează niciodată. Sex n-a mai făcut de peste treizeci de ani. Simte o durere cruntă la baza coloanei vertebrale la fiecare pârț. Mai are de încasat de câteva ori pensia și e destul de probabil că va muri într-un scutec, crezând că a ajuns pe Tărâmul Dulciurilor.

Așa că taie cupoane. Atât i-a mai rămas. Ea și nenorocitele ei de cupoane. Doar la asta se poate gândi, pentru că nu mai *există* nimic altceva de care ar putea să-i pese. De aceea, când casierul de șaptesprezece ani cu fața plină de coșuri refuză să primească un cupon, protejând puritatea registrului de casă al magazinului cu aceeași îndârjire cu care cavalerii protejau odinioară virginitatea fecioarelor, putem fi siguri că Bunicuța va exploda. Optzeci de ani de îngrijorări se vor rostogoli deodată în fața ochilor noștri, sub forma unei teribile furtuni de povești din seria „Pe vremea mea“ și „Oamenii erau mult mai respectuoși“.

Problema cu oamenii care se lasă copleșiți de griji, ca într-un vârtej, este că nu au nimic mai de preț în viața lor pentru care să-și facă griji.

Dacă vă surprindeți că vă preocupă sistematic lucruri banale care vă deranjează — ultima poză de pe Facebook a fostului iubit, durata scăzută de viață a bateriilor din telecomanda televizorului, faptul că ați ratat încă o promoție la săpun — atunci să știți că s-ar putea ca în viața voastră să nu existe ceva care să merite cu adevărat să vă îngrijorați. Asta e adevărata problemă. Nu săpunul. Nu telecomanda.

Am auzit cândva un artist care spunea că, atunci când omul nu are nicio problemă, mintea găsește automat o cale de-a inventa niște probleme. Cred că ceea ce majoritatea oamenilor — în special din rândul persoanelor albe și educate din răsfățata clasă de mijloc — consideră a fi „probleme de viață" sunt în realitate efectele secundare ale absenței unui motiv mai serios de îngrijorare.

Asta înseamnă că a găsi ceva important și semnificativ în viață este poate cea mai productivă cale în care un om își poate folosi timpul și energia. Fiindcă, dacă nu găsești acel lucru semnificativ, vei ajunge să te consumi din pricina a tot felul de nimicuri inutile.

Nuanța 3: Noi alegem întotdeauna care sunt lucrurile de care să ne pese și care sunt cele de care să nu ne pese, fie că ne dăm seama, fie că nu.

Nu suntem dotați din naștere cu nepăsare. De fapt, ne naștem cu o predispoziție pentru îngrijorare. Ați văzut vreodată un copil plângând de mama focului din cauză că pălăria lui este albastră, dar nu albastrul potrivit? Exact. Să-l ia naiba pe puștiul ăla.

Când suntem mici, totul este nou și interesant și pare că totul contează. Prin urmare, ne îngrijorăm excesiv. Ne pasă de tot și de toți — de ce spun oamenii despre noi, de băiatul/fata drăguță care s-ar putea să ne sune, s-ar putea să nu ne sune, de șosete, care se potrivesc sau nu, sau de culoarea baloanelor la ziua noastră de naștere.

Pe măsură ce îmbătrânim, începem să observăm, grație experienței (și a timpului trecut peste noi), că majoritatea lucrurilor de genul acesta au un impact mărunt asupra vieții noastre. Oamenii de a căror opinie ne păsa atât de mult nu mai sunt în viața noastră. Respingerile dureroase s-au transformat în experiențe benefice. Înțelegem că oamenii acordă foarte puțină atenție detaliilor superficiale legate de persoana noastră și alegem să nu ne mai gândim obsesiv la ele.

Ideea este că devenim mult mai selectivi cu lucrurile de care ne pasă. Asta se cheamă maturitate. E ceva simpatic; să o încercați din când în când. Omul ajunge la maturitate în momentul în care învață să se îngrijoreze doar pentru lucrurile care merită. Cum i-a spus Bunk Moreland partenerului său, detectivul McNulty, în *The Wire* (serial pe care, mă doare-n cot de părerea voastră, l-am descărcat de pe internet): „Asta primești când te legi la cap fără să te doară".

Apoi, pe măsură ce trec anii și ne apropiem tot mai mult de vârsta mijlocie, se mai schimbă ceva. Scade nivelul de energie. Ni se consolidează identitatea. Știm cine suntem și ne acceptăm așa cum suntem, inclusiv părțile de care nu eram prea încântați.

E ciudat, dar sentimentul pe care îl avem este de eliberare. Nu mai trebuie să ne batem capul cu toate nimicurile. Viața e ceea ce este. O acceptăm, cu tot cu hibele ei. Înțelegem că nu vom găsi leacul pentru cancer, nu vom păși pe Lună și nu-i vom pipăi țâțele lui Jennifer Aniston. Și e bine așa. Viața merge mai departe. Ne rezervăm îngrijorările, tot mai scăzute în intensitate, pentru lucrurile cu adevărat importante în viață: familia, prietenii cei mai apropiați, loviturile în jocul de golf. Și, spre uluirea noastră, *este de ajuns*. Această simplificare ne face cu adevărat fericiți, pe o bază solidă. Și începem să ne gândim că poate alcoolicul ăla nebun de Bukowski știa totuși ceva. *Nu încercați.*

Bine, Mark, și totuși cartea asta despre ce naiba e?

Cartea asta te va ajuta să analizezi un pic mai limpede decizia de-a cataloga unele lucruri drept importante și altele drept neimportante în viața ta.

Cred că în ziua de astăzi ne confruntăm cu o epidemie psihologică, o epidemie care-i face pe oameni să nu mai înțeleagă că e în regulă ca lucrurile să fie aiurea uneori. Știu că la o primă vedere teoria mea poate să pară lipsită de substanță din punct de vedere intelectual, dar, credeți-mă, e o chestiune de viață și de moarte.

Fiindcă, în clipa în care începem să credem că nu e în regulă ca lucrurile să fie uneori aiurea, atunci începem, inconștient, să ne acuzăm pe noi înșine. Începem să simțim că ar exista în noi un defect din fabricație, iar asta ne împinge la tot soiul de supracompensări, cum ar fi să cumpărăm patruzeci de perechi de pantofi, să ne înecăm o seară de marți în votcă cu Xanax sau să tragem cu pușca într-un autobuz plin cu copii.

Convingerea că nu e în regulă să fii neadaptat uneori duce la extinderea perfidului cerc vicios, atât de dominant în cultura contemporană.

Conceptul nepăsării propune o modalitate simplă de reorientare a așteptărilor față de viață și de selectare a lucrurilor importante sau neimportante. Dezvoltarea acestei abilități duce la ceea ce mie îmi place să numesc un fel de „iluminare practică".

Nu, nu vorbesc despre iluminarea aia eterică, de binecuvântare veșnică și depășire a tuturor suferințelor, care este o vrăjeală. Dimpotrivă, iluminarea practică mi se pare o cale prin care putem accepta ideea că un dram de suferință este întotdeauna inevitabil — că, orice ai face, viața e alcătuită din eșecuri, pierderi, regrete și chiar moarte. Odată ce ajungi să te împaci cu toate lucrurile urâte pe care ți le aruncă viața în față (și-ți va arunca multe, crede-mă), devii invincibil, la un nivel mai modest de spiritualitate. În definitiv, suferința poate fi depășită doar după ce înveți cum s-o suporți.

Cartea asta nu dă doi bani pe metodele de alinare a suferinței voastre și nu vă învață cum să vă rezolvați problemele. Și tocmai din cauza asta veți ști că este onestă. Cartea asta nu este un ghid pentru cucerirea gloriei — nici n-are cum să fie, din moment ce gloria este doar o iluzie în mințile noastre, o destinație inventată pe care ne obligăm s-o atingem, propria noastră Atlantidă mentală.

Cartea asta, în schimb, vă va transforma durerea într-o unealtă, trauma într-o forță, iar problemele în probleme mai acceptabile. Și e deja un pas înainte. Priviți-o ca pe un ghid pentru suferință, un ghid care vă învață cum să vă raportați la suferință, să-i dați un sens, să arătați mai multă compasiune și modestie. O carte care vă ajută să vă simțiți mai ușori în ciuda greutăților pe care le purtați pe umeri, cum să faceți față celor mai mari frici ale voastre și cum să râdeți de lacrimile voastre atunci când vă năpădesc.

Cartea asta nu vă învață cum să acumulați lucruri sau să aveți succes, ci mai curând cum să pierdeți și să renunțați. Vă învață cum să faceți un inventar al vieților voastre și să eliminați tot ce nu este important. Vă învață să închideți ochii și să aveți încredere că nu se întâmplă nimic grav dacă picați pe spate. Vă învață să vă pese mai puțin. Vă învață să nu încercați.

Capitolul 2
Fericirea este o problemă

Acum aproximativ două mii cinci sute de ani, într-un palat impunător din munții Himalaya din Nepalul de azi, trăia un rege căruia urma să i se nască un fiu. Regele avea planuri mărețe cu acest fiu: voia să-i ofere o viață perfectă. Copilul urma să ducă o existență complet lipsită de suferință — aveau să-i fie îndeplinite toate nevoile și dorințele, oricând.

Regele a ridicat ziduri înalte în jurul palatului, astfel încât prințul să nu cunoască lumea din afară. A răsfățat copilul cu mâncăruri și daruri și l-a înconjurat de servitori care i-au satisfăcut toate mofturile. Și copilul a crescut întocmai cum și-a dorit tatăl lui, fără să știe că viața poate fi crudă.

Așa a trecut toată copilăria prințului. Însă, în ciuda luxului și a opulenței nesfârșite, prințul a ajuns un tânăr destul de nemulțumit. Curând, orice experiență îi părea goală și lipsită de valoare. Problema era că nimic din ce i-ar fi dăruit tatăl său nu părea îndeajuns și nu *însemna* nimic.

Așa că, într-o noapte, tânărul prinț s-a strecurat afară din palat, curios să afle ce se găsea dincolo de ziduri. A pus un servitor să-i fie călăuză prin satul din apropiere, iar cele văzute acolo l-au îngrozit.

Pentru prima dată în viața lui, a făcut cunoștință cu suferința omenească. A văzut oameni bolnavi, bătrâni, fără adăpost, oameni suferinzi, ba chiar și oameni pe moarte.

Întors la palat, prințul s-a confruntat cu un fel de criză existențială. Neștiind cum să interpreteze ceea ce văzuse, a devenit un plângăcios și a început să se vaite de toate cele. Mai mult, așa cum le stă în fire tinerilor, prințul a ajuns să-l acuze pe tatăl său de lucrurile pe care acesta le făcuse pentru el. Era nefericit din pricina bogățiilor, s-a gândit prințul. Viața lui nu avea niciun sens din pricina bogăției. S-a hotărât să fugă.

Doar că prințul semăna cu tatăl său mai mult decât își dădea seama. Avea idei la fel de mărețe. Nu intenționa doar să fugă, ci să renunțe cu totul la statutul său nobil, la familie, la posesiunile sale, ca să trăiască pe stradă și să doarmă pe pământ, ca un animal. Urma să se înfometeze, să se chinuie și să cerșească resturi de mâncare de la străini pentru tot restul vieții.

Prințul s-a furișat din palat în noaptea următoare, de data asta cu gândul de a nu se mai întoarce niciodată. A trăit ani de zile ca un vagabond, o rămășiță aruncată și uitată a societății, un rahat de câine uscat la baza ierarhiei sociale. Prințul a suferit destul de mult, așa cum plănuise. A îndurat boala, foamea, durerea, singurătatea și decăderea. A fost chiar la un pas de moarte, adesea fiind silit să mănânce doar o nucă pe zi.

Au trecut câțiva ani. Apoi alți câțiva. Iar apoi... nu s-a întâmplat nimic. Prințul a început să observe că viața plină de suferință pe care o ducea nu-i oferea nimic. Nu-i oferea înțelepciunea pe care și-o dorea. Nu-i revela niciun mister profund al lumii sau vreun înțeles suprem.

Până la urmă prințul a ajuns la aceeași concluzie la care am ajuns cu toții dintotdeauna: suferința e nasoală. Și nu are neapărat o semnificație. La fel ca bogăția, suferința nu are nicio valoare când e suportată fără un sens. În scurt timp, prințul a înțeles că măreața lui idee, la fel ca ideea tatălui său, era de fapt o idee îngrozitoare și că probabil ar fi fost mai bine să facă altceva.

Confuz de-a binelea, prințul s-a spălat, după care a plecat și a găsit un copac mare lângă un râu. A decis că se va așeza sub acel copac și nu se va ridica până ce nu-i va veni o altă idee măreață.

Legenda spune că prințul cel confuz a stat patruzeci și nouă de zile sub copac. N-o să intrăm acum în amănunte despre fezabilitatea biologică a șederii timp de patruzeci și nouă de zile în același loc, dar să spunem că în răstimpul acesta prințul a descoperit o serie de adevăruri profunde.

Unul dintre aceste adevăruri a fost următorul: viața în sine înseamnă suferință. Bogații suferă din cauza bogățiilor lor. Săracii suferă din cauza sărăciei. Oamenii fără familie suferă din cauză că nu au o familie. Cei cu familie suferă din cauza familiilor lor. Cei care caută plăceri lumești suferă din pricina plăcerilor lumești. Cei care se abțin de la plăcerile lumești suferă din cauză că se abțin.

Asta nu înseamnă că toate suferințele sunt la fel. Unele suferințe sunt cu siguranță mai profunde decât altele. Ideea e că nimeni nu scapă de suferință.

După câțiva ani, prințul a construit un sistem filosofic pe care l-a împărtășit lumii. Prima și cea mai importantă teză a filosofiei sale este aceasta: durerea și pierderea sunt inevitabile, așa că n-are niciun rost să încercăm să le opunem rezistență. Prințul a ajuns cunoscut sub numele de Buddha. În caz că n-ați auzit de el, să știți că a fost un personaj mare de tot.

Multe dintre presupunerile și credințele noastre se sprijină pe o premisă. Premisa că fericirea este ca un algoritm, că putem munci pentru ea, o putem merita sau dobândi tot așa cum reușim să intrăm la facultatea de drept sau cum reușim să construim un joc foarte complicat de lego. Dacă fac chestia X, atunci voi fi fericit. Dacă voi arăta precum Y, voi fi fericit. Dacă voi fi cu cineva ca Z, atunci voi fi fericit.

Premisa *este problema*. Fericirea nu este o ecuație. Nemulțumirea și neliniștea sunt inerente naturii umane și, după cum vom vedea mai departe, componente necesare construirii unei fericiri solide. Buddha a susținut acest punct de vedere cu argumente teologice și filosofice. În acest capitol, voi susține același punct de vedere, doar că din perspectivă biologică. Cu urși panda.

Aventurile lui Panda Incomodul

Dacă aş putea inventa un supererou, acesta ar fi Panda Incomodul. Supereroul meu ar purta pe ochi o mască ieftină, ar fi îmbrăcat cu un tricou (cu un T mare pe el) mult prea mic pentru burdihanul lui de panda, iar superputerea lui ar fi să le spună oamenilor adevăruri dure despre ei înșiși pe care au nevoie să le audă, dar nu vor să le accepte.

Ar colinda din ușă în ușă ca un comis-voiajor care vinde biblii și le-ar spune oamenilor lucruri de genul „Sigur, te simți bine că câștigi mulți bani, dar banii n-o să-i facă pe copiii tăi să te iubească mai mult" sau „Dacă trebuie să te gândești bine dacă ai sau nu încredere în soția ta, atunci probabil că răspunsul este nu" sau „Ceea ce numești «prietenie» este de fapt doar încercarea ta constantă de a-i impresiona pe ceilalți". După care le-ar ura oamenilor o zi bună și ar porni relaxat către următoarea casă.

Ar fi grozav. Și cam revoltător. Și trist. Și reconfortant. Și necesar. În definitiv, nu ne face plăcere să auzim marile adevăruri ale vieții.

Panda Incomodul ar fi supereroul pe care nu l-ar vrea nimeni, dar de care avem cu toții nevoie. Ar fi precum legumele pentru dieta noastră mentală compusă în principal din hrană proastă. Viața noastră ar fi mai bună, chiar dacă ne-ar face să ne simțim mai prost. Ne-ar face mai puternici, punându-ne la pământ; și mai luminoși, arătându-ne latura întunecată. I-am asculta cuvintele așa cum ne-am uita la un film în care eroul moare la final: ne place și mai mult, în ciuda faptului că ne face să ne simțim groaznic, dar ne place fiindcă simțim că e autentic.

Dacă tot am ajuns aici, permiteți-mi să-mi pun masca de Panda Incomodul și să vă servesc un alt adevăr neplăcut.

Suferim din simplul motiv că suferința este utilă din punct de vedere biologic. E metoda preferată a naturii prin care aceasta provoacă schimbare. Noi am evoluat astfel încât să trăim întotdeauna cu un oarecare grad de nemulțumire și nesiguranță, fiindcă tocmai indivizii ușor nemulțumiți și nesiguri sunt cei care duc lumea mai departe. Suntem programați să fim nemulțumiți de ceea ce avem și mulțumiți doar de ceea ce nu avem. Nemulțumirea permanentă face ca specia noastră să lupte pentru supraviețuire, să construiască și să cucerească. Deci, nu — durerea și suferințele noastre nu sunt o imperfecțiune a evoluției, ci una dintre caracteristicile sale.

Durerea, în toate formele ei, este cea mai eficientă metodă prin care corpul nostru îndeamnă la acțiune. Să luăm un exemplu foarte simplu: o înțepătură la deget. Dacă sunteți ca mine, când vă înțepați la un deget, urlați atât de multe înjurături că Papei Francisc i-ar da lacrimile auzindu-vă. Probabil că blestemați și vreun amărât de obiect dimprejur pentru că v-ați lovit de el și vă doare. „Masă tâmpită!“ Sau poate că mergeți atât de departe, încât puneți la îndoială tot conceptul designului interior din pricina unui singur deget rănit: „Cât de idiot să fii să pui o masă acolo? Pe bune?!“

Dar mă abat de la subiect. Durerea aceasta cumplită pe care o simțim la deget și pe care eu, voi și Papa o detestăm atât de mult există dintr-un motiv foarte important. Durerea fizică este un produs al sistemului nostru nervos, este un mecanism de răspuns prin care primim informații despre coordonatele noastre fizice — încotro putem sau nu să ne mișcăm, ce putem și ce nu putem să atingem. În momentul în care depășim limitele, sistemul nervos ne pedepsește prompt pentru a se asigura că suntem atenți și nu repetăm greșeala pe viitor.

Această durere, oricât de mult o urâm, *este* utilă. Ea ne învață la ce trebuie să fim atenți când suntem tineri și neexperimentați sau neatenți. Ne învață să distingem între ce e bun și ce e rău pentru noi. Ne ajută să înțelegem și să ne respectăm limitele. Ne învață să nu atingem plite încinse și să nu băgăm obiecte metalice în priză. De aceea, evitarea durerii și căutarea plăcerii nu sunt întotdeauna benefice, din moment ce durerea poate fi uneori de o importanță capitală pentru starea noastră de bine.

Însă durerea nu e doar fizică. Noi, oamenii, suntem capabili să simțim intens și durere psihică, așa cum vă poate confirma oricine a văzut primul episod din saga *Star Wars*. De fapt, cercetătorii au descoperit legat de creierul uman că acesta nu face o diferență prea mare între durerea fizică și cea psihică. Dacă vă spun că, atunci când prima mea iubită m-a înșelat și m-a părăsit, m-am simțit ca și cum cineva mi-ar fi introdus lent o andrea înghețată în mijlocul inimii, să știți că o spun pentru că exact așa m-am simțit.

La fel ca durerea fizică, durerea psihică semnalează un dezechilibru, depășirea unei limite. La fel ca durerea fizică, durerea psihică nu este întotdeauna rea sau de nedorit. Experimentarea durerii emoționale sau psihice poate fi, în unele cazuri, sănătoasă sau necesară. Așa cum să ne lovim la deget ne învață să nu ne mai izbim de mese, durerea emoțională provocată de respingere sau eșec ne învață să nu repetăm aceleași greșeli în viitor.

Iată de ce este periculoasă o societate care se ferește tot mai mult de disconfortul inevitabil al vieții: pierdem beneficiile care, în mod paradoxal, apar atunci când avem de-a face cu o doză sănătoasă de suferință, deconectându-ne de realitatea lumii înconjurătoare.

Puteți visa cât vreți la o viață lipsită de probleme, o viață de fericire nesfârșită și înduioșare eternă, doar că aici, pe pământ, problemele nu încetează niciodată. Serios, problemele nu se termină niciodată. Doar ce-a trecut pe la mine Panda Incomodul. Am băut un cocktail și mi-a explicat cum stă treaba: al dracu' dacă poți scăpa de probleme, mi-a spus — nu dispar, devin doar mai specializate. Warren Buffett are probleme cu banii; vagabondul bețiv care stă la ușa supermarketului are probleme cu banii. Doar că Buffett are probleme mai *bune* cu banii decât vagabondul. Așa e viața.

„În esență, viața este o serie nesfârșită de probleme, Mark“, mi-a spus Panda. A sorbit din cocktail și a aranjat umbreluța roz în pahar. „Rezolvarea unei probleme duce pur și simplu la apariția altei probleme."

După o clipă, m-am dezmeticit și m-am întrebat de unde naiba a apărut acest Panda vorbitor. Și, apropo, cine a preparat cocktailurile astea?

„Să nu speri la o viață fără probleme", a adăugat Panda. „Nu există așa ceva. Poți, în schimb, spera la o viață plină de probleme benefice."

Și cu asta, a pus paharul pe masă, și-a aranjat pălăria și a pornit la pas domol în lumina asfințitului.

Fericirea vine din rezolvarea problemelor

Problemele sunt o constantă a vieții. Când îți faci abonament la sala de fitness ca să-ți rezolvi niște probleme de sănătate, automat îți creezi noi probleme, pentru că trebuie să te trezești mai devreme, să ajungi la timp la sală, să transpiri o jumătate de oră ca un dependent de droguri pe un aparat cardio, după care să faci un duș și să te schimbi ca să nu împuți tot biroul cu mirosul de transpirație. Când petreci prea puțin timp cu partenerul și vrei să rezolvi problema asta stabilind că serile de miercuri sunt seri „de ieșiri romantice", te trezești cu alte probleme, cum ar fi să găsești ceva de făcut care să vă placă amândurora în fiecare miercuri seară, să te asiguri că ai suficienți bani pentru a lua cina la restaurant, să redescoperi chimia și scânteia dispărute dintre voi și să descâlcești logistica sexului într-o cadă mică, plină de spumă.

Problemele nu se opresc niciodată; doar se modifică și/sau devin mai complexe.

Fericirea vine din rezolvarea problemelor. Cuvântul-cheie este „rezolvare". Dacă eviți problemele sau simți că nu ai nicio problemă, atunci vei suferi. Dacă simți că te confrunți cu probleme pe care nu le poți rezolva, vei fi la fel de nefericit. Ingredientul secret se găsește în *rezolvarea* problemelor, nu în absența lor.

Pentru a fi fericiți, ne trebuie ceva de rezolvat. Fericirea este, așadar, o formă de acțiune; este o activitate, nu ceva ce ți se oferă în mod pasiv, nu e ceva ce descoperi prin magie într-un articol cu cele mai tari zece sfaturi publicat în *Huffington Post* sau în povețele unui guru ori unui învățător. Nu apare ca prin magie când ai făcut în sfârșit rost de banii care-ți lipseau ca să adaugi încă o cameră casei. N-o să găsești fericirea așteptându-te într-un loc, o idee, o slujbă — sau într-o carte.

Fericirea este o perpetuă activitate-în-desfășurare, fiindcă rezolvarea problemelor este o perpetuă muncă-în-desfășurare — soluțiile problemelor de azi reprezintă fundația pe care cresc problemele de mâine și așa mai departe. Fericirea autentică se naște atunci când descoperi probleme care-ți plac și pe care le rezolvi cu plăcere.

Uneori, astfel de probleme sunt simple: să mănânci ceva bun, să călătorești în locuri noi, să rezolvi ultimul joc video pe care ți l-ai cumpărat. Alteori, problemele sunt abstracte și complicate: să-ți repari relația cu mama, să-ți găsești o slujbă care să-ți placă, să construiești relații de prietenie mai bune.

Oricare ar fi problemele tale, ideea e simplă: rezolvă probleme; fii fericit. Din păcate însă, mulți oameni simt că viața lor poate fi atât de simplă. Nu simt asta fiindcă strică lucrurile în cel puțin două moduri:

1. *Negare*. Unii oameni nu vor să recunoască din capul locului că au probleme. Negând realitatea, sunt siliți să se amăgească sau să ignore realitatea. Se pot simți bine pe termen scurt, dar chestia asta duce la o viață de nesiguranță, nevrotism și reprimare emoțională.
2. *Mentalitate de victimă*. Unii oameni preferă să creadă că nu pot face nimic pentru a-și rezolva problemele, chiar și atunci când nu e așa. Victimele dau vina pe ceilalți sau pe împrejurări pentru problemele lor. Se pot simți bine pe termen scurt, dar mentalitatea de victimă duce la o viață dominată de sentimente de furie, de neajutorare și disperare.

Oamenii își neagă problemele sau îi acuză pe ceilalți pentru ele fiindcă e foarte ușor și plăcut să faci asta, pe când să rezolvi probleme este adesea greu și neplăcut. Blamarea și negarea ne oferă plăceri rapide. Sunt o cale de evitare temporară a problemelor, iar evitarea ne produce un moment de euforie în care ne simțim mai bine.

Momentele euforice cunosc multe forme. Că sunt provocate de o substanță precum alcoolul, ori de senzația de virtute morală oferită de blamarea altora, momentele euforice constituie un stil de viață superficial și neproductiv. Mare parte din domeniul dezvoltării personale se concentrează mai degrabă pe vânzarea unor metode de producere a momentelor de euforie decât pe rezolvarea adevăratelor probleme. Mulți guru din domeniul dezvoltării personale te învață forme noi de negare și caută să te entuziasmeze cu exerciții care te fac să te simți bine pe termen scurt, ignorând cu totul problemele de profunzime. Amintiți-vă că niciun om cu adevărat fericit nu are motive să se așeze în fața oglinzii și să-și spună că este fericit.

Momentele de euforie mai dau și dependență. Cu cât te bazezi pe ele ca să te simți mai bine în legătură cu problemele tale, cu atât le vei căuta mai mult. În sensul acesta, aproape orice poate crea dependență, în funcție de motivul pentru care folosești lucrul respectiv. Avem fiecare metodele noastre prin care ne alinăm durerea provocată de probleme și nu e nimic în neregulă cu asta, atâta timp cât le folosim în doze moderate. Doar că, cu cât amânăm mai mult și cu cât apelăm mai mult la aceste metode, cu atât mai dureros va fi momentul în care vom decide în cele din urmă să ne înfruntăm problemele.

Emoțiile sunt supraevaluate

Emoțiile au evoluat cu un scop anume: pentru a ne ajuta să trăim și să ne reproducem un pic mai bine. Asta e tot. Sunt niște mecanisme de feedback care ne avertizează când ceva e bun sau rău pentru noi — nici mai mult, nici mai puțin.

La fel cum arsura pe care o simți când atingi o sobă fierbinte te învață să nu mai atingi obiecte fierbinți, tristețea pe care ți-o provoacă singurătatea te învață să nu mai faci lucrurile care te-au făcut să te simți singur. Emoțiile sunt doar niște semnale biologice menite să te împingă în direcția schimbărilor benefice.

Bun, acum nici nu vreau să iau în râs vreo criză a vârstei de mijloc de care poate suferiți sau faptul că vreun cititor nu poate depăși trauma pe care i-a provocat-o tatăl său bețiv când i-a furat bicicleta, dar, în esență, ne simțim rău deoarece creierul ne transmite că pe undeva există o problemă care n-a fost pusă în discuție sau n-a fost rezolvată. Altfel spus, emoțiile negative sunt *un imbold la acțiune*. Când le simțim, asta se întâmplă pentru că trebuie *să facem ceva*. Emoțiile pozitive, pe de altă parte, sunt recompensele acțiunilor corecte. Când le simțim, viața pare simplă, iar noi trebuie doar să ne bucurăm de ea. După care dispar, ca orice altceva, pentru că apar, inevitabil, alte probleme.

Emoțiile sunt parte din ecuația vieții, dar nu acoperă *întreaga* ecuație. Ceva *nu este* bun doar pentru că noi simțim că este bun. La fel cum ceva *nu este* rău doar pentru că noi simțim că este rău. Emoțiile sunt doar semnale, *indicii* pe care ni le dă neurobiologia noastră, nu literă de lege. Nu trebuie, așadar, să avem întotdeauna încredere în emoții. De fapt, cred că ar trebui chiar să ne facem un obicei din a le pune sub semnul întrebării.

Mulți oameni sunt învățați să-și reprime emoțiile, din tot felul de motive: personale, sociale sau culturale — îndeosebi emoțiile negative. Din nefericire, să nu acceptăm emoțiile negative înseamnă să nu acceptăm o mare parte din mecanismul de feedback cu ajutorul căruia reușim să rezolvăm probleme. În consecință, mulți indivizi reprimați se luptă toată viața cu problemele lor. Incapabili să-și rezolve problemele, ei nu pot fi nici fericiți. Durerea nu apare fără un scop, amintiți-vă.

Dar există și oameni care se identifică excesiv cu emoțiile lor. Pentru aceștia, orice este justificat prin faptul că pur și simplu așa au *simțit*. „Of, ți-am spart parbrizul, dar eram *foarte* furios; nu m-am putut abține.“ Sau: „M-am lăsat de școală și m-am mutat în Alaska, pentru că așa am *simțit* că e bine“. Deciziile luate în baza intuiției emoționale, fără ajutorul rațiunii, sunt aproape tot timpul greșite. Știți cine își ghidează toată viața după emoții? Copiii de trei ani. Și câinii. Știți ce mai fac copiii de trei ani și câinii? Caca pe covor.

Obsesia și suprainvestiția în emoții duc la eșec dintr-un motiv foarte simplu — emoțiile nu durează. Ce ne face fericiți azi n-o să ne facă și mâine, deoarece biologia noastră are întotdeauna nevoie de ceva mai mult. Obsesia fericirii duce inevitabil la o goană perpetuă după „altceva" — altă casă, altă relație, alt copil, altă mărire de salariu. Și, în ciuda tuturor eforturilor, ajungem într-un punct straniu de asemănător cu cel din care am plecat: neadaptați.

Psihologii numesc uneori acest concept „banda de alergări hedonistă": ideea conform căreia muncim din greu, neîncetat, să ne schimbăm viața, dar concret nu simțim vreo schimbare.

Iată de ce problemele noastre sunt recurente și imposibil de evitat. Persoana cu care te căsătorești este persoana cu care te cerți. Casa pe care ți-o cumperi este casa pe care o repari. Locul de muncă la care visai este locul de muncă ce te stresează. Orice implică un sacrificiu — orice ne face să ne simțim bine ne va face, inevitabil, să ne simțim rău. Ce câștigăm e totuna cu ce pierdem. Ceea ce definește experiențele noastre pozitive va defini și experiențele negative.

Asta e cam greu de digerat. Ne *place* să credem că ar exista o formă de fericire absolută pe care o putem atinge. Ne *place* să credem că putem scăpa de toate suferințele pentru totdeauna. Ne *place* să credem că ne-am putea simți mereu împliniți și mulțumiți de viața noastră.

Dar nu se poate.

Alegeți-vă lupta

Dacă vă întreb „Ce vreți de la viață?“ și-mi răspundeți ceva de genul „Vreau să fiu fericit, să am o familie minunată și un loc de muncă să-mi placă“, răspunsul este atât de comun și de previzibil că nu înseamnă de fapt nimic.

Cu toții ne bucurăm de lucrurile care ne fac să ne simțim bine. Toți vrem să trăim o viață lipsită de griji, fericită și ușoară; să ne îndrăgostim, să avem o viață sexuală nemaipomenită și relații extraordinare; să arătăm bine, să facem bani, să fim populari, respectați, admirați, să fim niște superșmecheri până în punctul în care oamenii să se dea deoparte din calea noastră când intrăm undeva la fel cum s-au dat apele la o parte din calea lui Moise.

Toți vrem asta. E ușor să vrei asta.

O întrebare mai interesantă însă, una pe care cei mai mulți nu și-o adresează niciodată, este „Ce fel de *durere* vrei în viața ta? Pentru ce ești dispus să lupți?“. Deoarece răspunsul la aceste întrebări e un factor determinant mai important pentru modul în care îți vei trăi viața.

Cei mai mulți oameni vor să aibă, de pildă, un birou elegant și vor să plece acasă cu un sac de bani — dar puțini sunt dispuși, pentru a scăpa din captivitatea iadului șirurilor nesfârșite de birouri identice, să îndure săptămâni de lucru de șaizeci de ore, navete lungi, hârțogăraie odioasă și o ierarhie corporatistă arbitrară.

Cei mai mulți oameni vor o viață sexuală și o relație cât mai minunate, dar puțini sunt dispuși să treacă prin discuții dificile, tăceri stânjenitoare, sentimente rănite și psihodramă emoțională pentru a ajunge acolo. Așa că se resemnează. Se resemnează și se întreabă ani de zile „Cum ar fi dacă ar fi?“, până ce întrebarea devine „Ce altceva ar mai fi?“. Și apoi, după ce avocații și-au făcut treaba și cecul pensiei alimentare e în cutia poștală, se întreabă „Pentru ce?“. Păi, dacă nu pentru standardele și așteptările lor joase cu care au trăit douăzeci de ani, atunci pentru ce?

Fericirea presupune luptă. Fericirea se dezvoltă din probleme. Bucuria nu răsare din pământ ca panseluțele sau curcubeul. La realizările adevărate și de lungă durată se ajunge printr-un efort susținut. Că suferi de anxietate, singurătate, tulburare obsesiv-compulsivă sau din pricina unui nenorocit de șef care îți distruge jumătate din timpul în care ești treaz în fiecare zi, soluția stă în acceptarea și abordarea activă ale experiențelor negative — nu în evitare și nici în salvare.

Oamenii vor să aibă un aspect fizic uluitor. Dar nu poți avea un fizic de invidiat dacă nu înțelegi cu adevărat durerea și stresul fizic care vin la pachet cu orele de sală, dacă nu-ți place să calculezi și să alegi ce mănânci și să-ți planifici viața în porții minuscule de dimensiunea unor farfurioare.

Oamenii vor să-și deschidă propriile afaceri. Dar antreprenor de succes ajungi doar după ce găsești o cale de-a evalua riscul, nesiguranța, eșecurile repetate și nenumărate ore dedicate unei activități care s-ar putea să nu-ți aducă, în cele din urmă, absolut nimic.

Oamenii vor parteneri, soți. Dar nu vei atrage pe nimeni extraordinar dacă nu înțelegi tulburarea emoțională pe care o provoacă respingerile repetate, acumularea tensiunii sexuale care nu se eliberează niciodată și timpul pe care îl vei petrece privind un telefon care nu mai sună. Pentru că toate astea fac parte din jocul iubirii. Ca să câștigi trebuie să joci.

Succesul nu se obține punându-ți întrebarea „De ce lucruri vreau să mă bucur?". Întrebarea relevantă este „Ce suferință vreau să înfrunt?". Calea spre fericire e plină de lucruri dureroase și stânjenitoare.

Ceva tot trebuie să alegi. Nu poți trăi o viață scutită de durere. Nu va fi mereu un basm cu trandafiri și unicorni. Plăcerea e întrebarea cea mai ușoară. La care cei mai mulți dintre noi răspund cam la fel.

Durerea este o întrebare mai interesantă. Care e durerea pe care vrei s-o înfrunți? Asta e întrebarea grea, întrebarea care contează și care te va duce undeva. E întrebarea care poate schimba o viziune, o viață. E ceea ce mă face pe mine să fiu eu și pe tine să fii tu. E ceea ce ne definește, ne separă și în cele din urmă ne aduce împreună.

Mare parte din adolescență și tinerețe visam să devin muzician — star rock, mai precis. De fiecare dată când auzeam un solo reușit de chitară, închideam ochii și-mi imaginam că sunt pe scenă, cântând în fața unei mulțimi frenetice de oameni care-și pierd mințile din pricina măiestriei degetelor mele. O fantezie care mă putea ține ocupat ore întregi. Pentru mine, problema nu era *dacă* voi ajunge vreodată să cânt în fața mulțimilor frenetice, ci *când*. Totul era bine planificat. Pur și simplu așteptam să sosească momentul oportun în care să investesc efortul și energia necesare afirmării. În primul rând, trebuia să termin școala. Apoi trebuia să fac niște bani ca să-mi cumpăr instrumentele. Apoi aveam nevoie de suficient timp liber ca să exersez. După care era musai să-mi fac niște relații și să pun la cale primul proiect. După care... după care nimic.

Fantezia mea nu s-a materializat, deși jumătate din viață am visat la ea. În plus, mi-a luat ceva timp și muncă să înțeleg de ce: *nu mi-am dorit cu adevărat*.

Eram foarte încântat de rezultat — imaginea mea pe scenă, oamenii aclamându-mă, pasiunea cântatului —, dar nu mă încânta procesul. Și din cauza asta, am ratat. De multe ori. Pe naiba, am ratat; nici măcar n-am încercat suficient de serios cât să zic c-am ratat. Abia dacă am mișcat ceva în direcția asta. Corvoada repetițiilor zilnice, efortul de a găsi un grup cu care să exersez, chinul de a organiza concerte și a aduce la concerte oameni cărora chiar să le pese de muzica mea, corzile rupte, amplificatoarele arse, douăzeci de kilograme de echipament cărate pe jos la sala de repetiții și înapoi acasă. Un vis cât un munte în vârful căruia se ajunge după un urcuș de câțiva kilometri. Mi-a luat mult să înțeleg că nu-mi place să fac cățărări. Mie îmi plăcea doar să-mi imaginez cum ar fi în vârful muntelui.

Explicația pe care o furnizează cultura noastră în mod obișnuit în asemenea cazuri mi-ar spune că nu m-am ridicat la înălțimea potențialului meu, că am abandonat sau am ratat, că pur și simplu nu am fost „în stare", că mi-am abandonat visul și că poate m-am lăsat învins de presiunea societății.

Însă adevărul este mult mai puțin interesant decât oricare din aceste explicații. Adevărul e că am crezut că-mi doresc ceva ce de fapt nu-mi doream. Punct.

Îmi doream recompensa, dar nu și munca. Rezultatul, dar nu procesul. Eram îndrăgostit de victorie, nu de luptă.

Iar în viață lucrurile nu stau așa.

Identitatea ta este definită de luptele pe care ești dispus să ți le asumi. Oamenii care *se bucură* de efortul din sala de forță sunt cei care aleargă la maratoane, au abdomenul perfect și pot ridica la piept o rulotă. Oamenii care *se bucură* de săptămânile lungi de lucru și de politica ierarhiilor corporatiste sunt cei care ajung în vârful acestora. Oamenii care *se bucură* de greutățile și nesiguranța vieții de artist flămând sunt cei care îi vor supraviețui și vor reuși.

Nu e o chestiune de voință sau tărie de caracter. Nu e o urecheală din categoria „nu suferi, nu ai". E vorba de cea mai simplă și mai banală componentă a vieții: succesul nostru este determinat de cât suntem dispuși să luptăm pentru el. Problemele noastre sunt sursa fericirii noastre, precum și sursa unor probleme ceva mai ușoare și mai actualizate.

Pe scurt: e o spirală verticală ce nu se termină niciodată. Cine își imaginează că are voie să se oprească din urcuș vreodată mă tem că n-a înțeles despre ce este vorba. Bucuria este urcușul în sine.

Capitolul 3
Nu ești special

Am cunoscut odată un tip; să-i zicem Jimmy.

Jimmy avea mereu tot felul de afaceri în derulare. În orice zi te-ai fi întâlnit cu el și l-ai fi întrebat ce face, ți-ar fi povestit despre vreo firmă cu care se afla în tratative, ori despre o aplicație medicală foarte promițătoare pentru care căuta niște investitori salvatori, ori ți-ar fi spus despre cutare eveniment de caritate la care urma să fie vorbitorul principal sau despre ideea unei pompe de gaz mai eficiente ce avea să-i aducă milioane bune. Tipul ăsta era mereu pe val, iar dacă te arătai câtuși de puțin interesat de discuție, începea să-ți împuie capul cu cât de importantă este munca lui, cât de strălucite sunt ultimele sale idei, totul condimentat cu atât de multe nume și referințe, că-ți lăsa impresia unui reporter de tabloid.

Jimmy era întruchiparea optimismului. Întotdeauna muncitor, întotdeauna în căutarea oportunităților — un tip cu adevărat hotărât, orice naiba ar însemna asta.

Chestia e că Jimmy era de fapt o mare haimana — numai gura de el. Drogat mai tot timpul, cheltuind în baruri și restaurante fine cam tot atât cât cheltuia și pe „ideile lui de afaceri“, Jimmy era un parazit profesionist, trăind din banii câștigați cu greu de membrii familiei sale, pe care îi aburea la fel ca pe toți ceilalți cu ideile lui mincinoase despre viitoare succese tehnologice. Sigur, mai făcea din când în când câte un efort demonstrativ, ori punea mâna pe telefon și suna vreun ștab pe care-l bombarda cu numele cunoștințelor sale până termina lista, dar ceva concret nu s-a întâmplat niciodată. Nimic din aceste „întreprinderi" nu a căpătat o formă.

Și totuși, omul nostru a ținut-o așa ani de zile, până spre treizeci de ani, trăind pe spinarea iubitelor și a rudelor tot mai îndepărtate. Și ce e mai aiurea e că Jimmy s-a *simțit foarte bine* în tot timpul ăsta. Avea o încredere în sine complet gonflată. În mintea lui, oamenii care râdeau de el sau îi închideau telefonul în nas „ratau șansa vieții lor". Cei care demascau ideile lui mincinoase de afaceri erau „prea ignoranți și neexperimentați" pentru a-i înțelege geniul. Cei care-i spuneau în față că duce o viață de trântor erau „invidioși"; niște oameni „dușmănoși", invidioși pe succesul lui.

Jimmy mai producea uneori și câte un ban, deși asta se întâmpla de obicei prin cele mai mârșave căi, cum ar fi să vândă o idee de afaceri care nu-i aparținea, să obțină un împrumut necinstit, sau, mai rău, să păcălească pe cineva să-i dea cotă egală într-o afacere de început. Ba uneori reușea chiar să convingă oamenii să-l plătească pentru a ține discursuri (pe ce teme, nici nu-mi pot imagina).

Partea cea mai urâtă e că Jimmy *credea* în propriile minciuni. Iluzia în care trăia era impecabilă, atât de uimitoare în felul ei, că într-adevăr nu puteai să te superi pe el.

Dezvoltarea unui „nivel înalt al stimei de sine" — a avea gânduri și sentimente pozitive față de propria persoană — a început să facă furori în psihologie undeva prin anii 1960. Cercetătorii au descoperit că persoanele care *gândesc* în termeni pozitivi despre ele însele își îndeplinesc sarcinile mai bine și cauzează mai puține probleme. Mulți cercetători și factori de decizie politică din epocă au ajuns să creadă că o populație cu un nivel ridicat al încrederii în sine ar putea avea efecte sociale benefice evidente: criminalitate scăzută, rezultate academice mai bune, o rată mai scăzută a șomajului, deficit bugetar scăzut. Drept urmare, în următorul deceniu, anii 1970, au apărut cursuri de dezvoltare a stimei de sine pentru părinți, susținute de terapeuți, politicieni și profesori și integrate în politicile educaționale. Practica umflării notelor, de exemplu, a fost introdusă pentru a-i ajuta pe copiii cu note proaste să aibă o părere mai bună despre ei. Tot acum au fost inventate diplomele de participare și trofeele fictive pentru tot soiul de activități banale, obișnuite. Copiii au început să primească teme fără sens, cum ar fi să pună pe hârtie toate motivele pentru care sunt speciali sau să facă o listă cu primele cinci lucruri care le plac la ei înșiși. Pastorii și preoții le-au spus enoriașilor că sunt cu toții unici și speciali în ochii lui Dumnezeu, meniți să ajungă pe culmi, nu să trăiască vieți mediocre. Seminarele motivaționale și de business răsărite din belșug au proliferat aceeași mantră paradoxală: fiecare dintre noi poate fi excepțional și poate avea un succes nemaipomenit.

Dar astăzi, o generație mai târziu, concluzia e următoarea: *nu* suntem excepționali cu toții. Se pare că a te simți bine cu tine nu înseamnă mare lucru dacă nu există un *motiv întemeiat* pentru care te simți bine cu tine. Se pare că obstacolele și eșecul sunt destul de utile, ba chiar necesare, în formarea noastră ca adulți hotărâți și de succes. Se pare că a-i învăța pe oameni să creadă că sunt excepționali și să se simtă bine cu ei indiferent de circumstanțe nu duce la o populație de indivizi precum Bill Gates sau Martin Luther King, ci la o populație plină de personaje ca Jimmy.

Jimmy, antreprenorul iluzoriu. Jimmy, tipul care fuma iarbă zilnic și care, dincolo de faptul că spunea despre propria persoană niște minciuni în care credea cu adevărat, nu avea alte aptitudini antreprenoriale. Jimmy, genul de om care zbiară la partenerii de afaceri că sunt „imaturi", după care toacă toți banii de pe cardul de credit al companiei într-un restaurant de lux încercând să impresioneze un fotomodel rus. Jimmy, care a epuizat destul de repede lista mătușilor și unchilor de la care împrumuta bani.

Da, da, vorbim de același Jimmy, încrezător și cu multă stimă de sine. Jimmy, cel care atâta a vorbit despre cât de bun este că a uitat să mai și facă ceva cu adevărat.

Problema legată de conceptul stimei de sine constă în aceea că e măsurată în funcție de cât de bună e părerea individului despre sine. Însă o evaluare adevărată și precisă a valorii de sine a persoanei presupune investigarea sentimentelor față de aspectele *negative* ale propriei personalități. Dacă un om precum Jimmy se simte absolut minunat 99,9 % din timp, în ciuda faptului că toate se prăbușesc în jurul lui, atunci cum poate fi acesta un standard valid de măsurare a unei vieți fericite și de succes?

Jimmy se simte îndreptățit. Adică simte că merită lucruri bune fără a le câștiga. Crede că ar trebui să fie bogat fără să muncească. Crede că ar trebui să fie apreciat și să aibă relații bune fără să-i ajute pe ceilalți. Crede că are dreptul să ducă o viață minunată fără să sacrifice ceva pentru asta.

Oamenii precum Jimmy devin atât de obsedați de nevoia de a se simți bine cu ei înșiși, încât ajung să se convingă pe sine că ei chiar *fac* lucruri grozave, deși în realitate lucrurile nu stau așa. Se cred geniali pe scenă când de fapt doar se fac de râs. Cred că sunt niște antreprenori extraordinari când de fapt nu au pus niciodată nimic pe picioare. Se dau drept consilieri de stil de viață și cer bani de la oameni, deși au doar douăzeci și cinci de ani și n-au făcut nimic substanțial cu viața lor.

Oamenii care consideră că li se cuvine totul dau senzația unei încrederi în sine înșelătoare. O încredere care poate fi fascinantă pentru ceilalți, cel puțin o vreme. În unele situații, această încredere în sine poate deveni molipsitoare, ajutându-i pe cei din jurul persoanei care simte că i se cuvine totul să se simtă, la rândul lor, mai încrezători în ei. Dincolo de toate escrocheriile lui Jimmy, trebuie să recunosc că *era* amuzant să pierd vremea cu el uneori. În compania lui, te simțeai indestructibil.

Legat de sentimentul că ți se cuvine totul — problema este că le induce oamenilor *nevoia* de-a avea mereu o părere bună despre ei înșiși, chiar și pe socoteala celor din jurul lor. Și cum oamenii care consideră că li se cuvine totul simt mereu nevoia de a avea o părere bună despre ei înșiși, ajung să-și petreacă majoritatea timpului gândindu-se la propria persoană. În definitiv, e nevoie de multă muncă și energie ca să te convingi că rahatul tău nu pute, în special când tu trăiești de fapt într-o toaletă.

Odată dezvoltat tiparul de gândire care interpretează tot ce se întâmplă în jur dându-i o importanță exagerată, e foarte greu să ieși din el. Orice încercare de a aduce argumente în fața unei persoane cu acest tipar este privită ca o „amenințare" la adresa superiorității sale din direcția cuiva care „nu face față" inteligenței/talentului/fizicului/succesului respectivilor.

Faptul de a considera că totul ți se cuvine reprezintă un soi de bulă narcisică, distorsionând ceea ce este în jur astfel încât să-și justifice existența. Persoanele care consideră că totul li se cuvine privesc orice întâmplare din viața lor fie ca pe o confirmare, fie ca pe o amenințare a măreției lor. Când li se întâmplă ceva bun, e datorită unei performanțe personale uluitoare. Când li se întâmplă ceva rău, e din cauza invidiei oamenilor care vor să-i tragă în jos. Convingerea că totul ți se cuvine este foarte greu de combătut. Cei care consideră că totul li se cuvine își spun orice minciună e nevoie ca să-și alimenteze sentimentul de superioritate. Își păstrează masca mentală cu orice preț, chiar și atunci când asta presupune un abuz psihic sau emoțional asupra celor din jurul lor.

Dar să consideri că totul ți se cuvine e o strategie care dă greș. E doar un alt mod prin care atingi o stare trecătoare de euforie. *Nu* este fericire.

Adevărata măsură a valorii de sine nu stă în felul în care ne raportăm la experiențele noastre *pozitive*, ci mai curând în felul în care ne raportăm la experiențele noastre *negative*. Cineva ca Jimmy se ascunde de problemele sale născocind succese imaginare la tot pasul. Și pentru că nu-și poate confrunta problemele, indiferent cât de bună e părerea pe care o are despre sine, este un om slab.

O persoană cu o autentică stimă de sine este capabilă să analizeze sincer aspectele negative ale caracterului său: „Da, uneori sunt iresponsabil cu banii mei"; „Da, uneori îmi exagerez propriile succese"; „Da, mă bazez prea mult pe ceilalți ca să mă susțină, când ar trebui să mă bazez mai mult pe mine" — și acționează pentru îmbunătățirea acestora. Însă persoanele care consideră că totul li se cuvine, fiind incapabile să-și recunoască deschis și onest problemele, sunt incapabile să-și îmbunătățească viețile pe termen lung sau să le dea o semnificație adevărată. Tot ce fac e să vâneze momentele de euforie și să adopte tot mai mult o atitudine de negare.

Doar că, în cele din urmă, realitatea își spune cuvântul, iar problemele care au stat ascunse ies din nou la iveală. E doar o chestiune de timp și de cât de dureros va fi.

Totul se duce de râpă

E 9 dimineața și sunt la ora de biologie, stau cu coatele pe bancă și-mi legăn capul în palme în timp ce privesc mișcările secundarului de pe ceasul de perete; fiecare ticăit punctează cuvintele profesorului, care pare că nu-și mai termină expunerea despre cromozomi și mitoză. Ca majoritatea puștilor de treisprezece ani blocați într-o sală de clasă aglomerată și luminată puternic, mă plictisesc.

Se aude o bătaie în ușă. Pe ușă își ițește capul domnul Price, directorul adjunct al școlii. „Îmi cer scuze că vă întrerup. Mark, poți ieși o clipă până afară, te rog? A, și ia-ți și lucrurile cu tine."

Ciudat, mi-am spus. De obicei, copiii sunt trimiși la director, nu vine directorul după ei. Mi-am strâns lucrurile și am ieșit.

Holul era pustiu. Sute de dulapuri de culoare bej aliniate la orizont. „Mark, putem merge, te rog, la dulapul tău?"

„Sigur", răspund eu, și încep să-mi târâi picioarele pe hol, cu pantalonii largi, părul vraiște, tricou Pantera cu câteva numere mai mare și tot tacâmul.

Ajungem la dulap. „Deschide-l, te rog", îmi spune domnul Price, iar eu mă execut. Trece în fața mea și-mi scoate din dulap haina, geanta pentru ora de sport, ghiozdanul — tot ce se găsește înăuntru, exceptând câteva caiete și creioane. După care se îndepărtează. „Vino cu mine, te rog“, îmi spune, fără să se uite în urmă. Încep să mă simt neliniștit.

Ajungem în biroul lui, unde mă invită să iau loc. Închide ușa și o încuie. Se duce la fereastră și ajustează jaluzelele, astfel încât să nu se vadă din afară. Încep să-mi transpire palmele. Asta *nu* este o vizită obișnuită în biroul directorului.

Domnul Price ia loc și începe să cotrobăie în tăcere prin lucrurile mele; verifică buzunarele, deschide fermoarele, întoarce geanta cu hainele pentru ora de sport cu fundul în sus și o scutură.

Apoi, tot fără să mă privească, spune: „Mark, știi ce caut?“

„Nu“, îi răspund eu.

„Droguri.“

Cuvântul mă șochează și mă aruncă într-o stare de încordare nervoasă.

„D-d-droguri“, mă bâlbâi eu. „Ce fel de droguri?“

Directorul mă privește sever. „Nu știu; de care ai?“ Deschide unul dintre penarele mele și verifică încet compartimentele pentru creioane.

Sunt acoperit de broboane de sudoare. S-au întins de pe palme pe brațe și acum pe gât. Tâmplele-mi pulsează în ritmul sângelui care-mi inundă creierul și fața. Ca majoritatea adolescenților de treisprezece ani care tocmai au fost acuzați că dețin narcotice în incinta școlii, vreau să fug și să mă ascund.

„Nu știu despre ce vorbiți“, protestez eu, dar vocea îmi sună mult mai slab decât mi-ar plăcea. Simt că e un moment în care ar trebui să mă exprim mai încrezător. Sau poate că nu. Poate că ar trebui să fiu speriat. Mincinoșii au un ton speriat sau încrezător? Oricum ar suna vocea unui mincinos, eu vreau ca a mea să sune exact invers. În schimb, resimt și mai tare lipsa de încredere în mine, neîncrederea provocată de tonul meu neîncrezător făcându-mă și mai neîncrezător. Afurisitul ăla de cerc vicios.

„Vom vedea noi“, spune directorul, îndreptându-și atenția spre ghiozdanul meu, care parcă are o sută de buzunare. Fiecare dintre ele plin cu prostioare de adolescent — creioane colorate, vechi bilețele schimbate în timpul orelor, CD-uri de la începutul anilor 1990 cu carcasele crăpate, carioci uscate, un caiet de desen cu jumătate din foi lipsă, praf, firișoare și ghemotoace acumulate într-o viață de gimnaziu teribil de alambicată.

Probabil că de-acum șiroaiele de sudoare curgeau pe mine cu viteza luminii, întrucât timpul are capacitatea de-a se extinde și dilata, astfel încât câteva amărâte de secunde scurse în ultima partea a orei de biologie de la 9 dimineața să pară acum egale cu erele Paleoliticului, iar eu îmbătrânesc și mor cu fiecare minut scurs. Nu mai există nimic în afară de mine, domnul Price și ghiozdanul meu fără fund.

Undeva pe la mijlocul Mezoliticului, termină și domnul Price de scotocit în ghiozdan. Nu a găsit nimic și pare enervat din cauza asta. Întoarce rucsacul cu fundul în sus, astfel încât toate obiectele din el se împrăștie pe podea. Acum transpiră și el la fel de abundent ca mine, doar că nu e terorizat, ca mine, ci furios.

„Fără droguri azi, nu-i așa?“ spune deodată, încercând să pară relaxat.

„Fără“, răspund eu, încercând să par la fel de relaxat.

Îmi separă lucrurile căzute pe jos, sortând toate obiectele, pe care mai apoi le adună în mici grămezi lângă geanta cu echipament sportiv. Acum haina și ghiozdanul meu zac goale și inerte în poala lui. Oftează și privește absent peretele. Ca majoritatea puștilor de treisprezece ani închiși într-un birou cu un bărbat care le împrăștie furios lucrurile pe jos, îmi vine să plâng.

Domnul Price privește cu atenție obiectele desfășurate pe podea. Nu a găsit nimic interzis sau ilegal, niciun fel de narcotice, nici măcar un singur obiect care să contravină regulamentului școlii. Se apleacă și-și așază coatele pe genunchi, aducându-și fața la nivelul feței mele.

„Mark, îți mai ofer o șansă de-a fi sincer cu mine. Dacă vei fi sincer, lucrurile vor fi mult mai blânde pentru tine. Dacă descoperim că minți, va fi foarte rău.“

Înghit în sec, ca la un semn.

„Acum să-mi spui adevărul“, mă somează domnul Price. „Ai adus azi droguri la școală?“

Cu lacrimile gata să-mi țâșnească din ochi și înghițindu-mi țipetele, îl privesc pe torționarul meu în ochi și, cu o voce tânguitoare, de adolescent disperat să scape din acest coșmar, îi spun: „Nu, nu am niciun fel de droguri. Habar n-am despre ce vorbiți".

„Bine", răspunde el, lăsând să se înțeleagă că se dă bătut. „Cred că poți să-ți strângi lucrurile și să pleci."

Mai aruncă o ultimă privire la rucsacul meu gol, întins ca o speranță irosită pe podeaua biroului. După care calcă la întâmplare pe ghiozdan, apăsând ușor, ca într-un ultim efort disperat de a găsi ceva. Eu aștept nerăbdător să se ridice și să se îndepărteze, ca să uit de tot acest coșmar și să-mi văd de viața mea.

Doar că talpa lui se oprește în ceva. „Ce-i aici?", mă întreabă, apăsând cu talpa în același loc.

„Ce, unde?" spun eu.

„Mai este ceva aici." Ridică ghiozdanul și începe să-i pipăie fundul. Camera devine încețoșată; totul se clatină cu mine.

Când eram puști, eram isteț. Prietenos. Dar eram și un dobitoc. O spun cu tot dragul. Eram un mic dobitoc mincinos și rebel. Furios și plin de resentimente. Când aveam doisprezece ani, am blocat sistemul de alarmă al casei cu magneți de frigider ca să mă pot furișa afară noaptea. Ieșeam cu un amic, scoteam mașina maică-sii din viteză și o împingeam în stradă ca să ne putem plimba prin cartier fără să trezim părinții. Scriam compuneri despre avort pentru că știam că profesoara de engleză era o creștină habotnică și conservatoare. Împreună cu un alt prieten, furam țigări de la maică-sa și le vindeam copiilor în spatele școlii.

Și tot atunci mi-am confecționat un compartiment secret pe fundul rucsacului ca să-mi ascund acolo marijuana.

Exact compartimentul descoperit de domnul Price după ce a călcat pe drogurile mele. Mințisem. Așa cum promisese, domnul Price n-a fost blând cu mine. Câteva ore mai târziu eram convins că viața mea luase sfârșit, așa cum crede orice adolescent de treisprezece ani când se trezește pe bancheta din spate a mașinii de poliție cu cătușe la mâini.

Și într-un fel, așa a și fost. Părinții m-au închis în casă. Mi s-a spus că nu mai pot avea prieteni pe perioadă nedeterminată. Fiind exmatriculat, urma să-mi închei anul de studii acasă. Mama m-a pus să mă tund și mi-a aruncat toate tricourile cu Marilyn Manson și Metallica (ceea ce pentru un adolescent din 1998 era echivalent cu o condamnare la moarte prin interdicția de a fi în pas cu lumea). Tata m-a luat cu el la birou dimineața și m-a pus să sortez ore întregi dosare. După terminarea anului școlar am fost înscris într-o mică școală creștină privată, unde — nu cred că vă surprinde — m-am potrivit ca nuca în perete.

Apoi, tocmai când mi-am îndreptat comportamentul, mi-am făcut temele și am învățat ce înseamnă adevărata responsabilitate clericală, părinții mei au decis că vor să divorțeze.

Vă povestesc toate acestea pentru că vreau să știți că am avut o copilărie nasoală. Într-un interval de aproximativ nouă luni mi-am pierdut toți prietenii, comunitatea din care făceam parte, drepturile legale și familia. Terapeutul la care mergeam când aveam douăzeci și ceva de ani numea asta „o porcărie cu adevărat traumatizantă“. Mi-am petrecut zeci de ani descâlcind-o, pentru a fi mai puțin absorbit de sine și mai puțin un ticălos care consideră că totul i se cuvine.

Problema cu mediul de acasă nu au fost toate lucrurile oribile spuse și făcute, ci dimpotrivă, toate lucrurile oribile ce ar fi trebuit spuse și făcute, dar nu au fost. Familia mea știe să ridice bariere în comunicare așa cum știe Warren Buffett să facă bani sau Jenna Jameson să facă sex: suntem campioni la chestia asta. Să fi ars casa cu noi înăuntru, că n-ar fi spus nimeni mai mult de „A, nu, totul e bine. Un pic cald, poate — dar, serios, e totul în regulă“.

Când au divorțat ai mei, nu s-au spart farfurii, nu s-au trântit uși, nu s-a zbierat că cine a tras țeapă cui. După ce ne-au asigurat pe mine și fratele meu că nu se despart din vina noastră, am ținut o sesiune de întrebări și răspunsuri — da, ați citit bine — pe subiectul logisticii noilor aranjamente de viață. Nicio lacrimă. Niciun ton ridicat. Singurul indiciu despre viața emoțională a părinților noștri a fost propoziția „Nu a înșelat nimeni pe nimeni“. Ah, super. Un pic cald în cameră, dar, serios, e totul în regulă.

Părinții mei sunt oameni buni. Nu-i acuz pentru nimic din toate acestea (cel puțin, nu-i mai acuz). Și îi iubesc foarte mult. Ei au poveștile, experiențele și problemele lor, la fel ca toți părinții. La fel ca părinții *lor* și așa mai departe. Și, la fel ca toți părinții, părinții mei, în ciuda celor mai bune intenții, mi-au transmis o parte din problemele lor, așa cum probabil și eu le voi transmite copiilor mei.

Când ni se întâmplă câte o „porcărie cu adevărat traumatizantă“, începem să simțim inconștient că ne confruntăm cu probleme pe care nu vom fi capabili să le rezolvăm vreodată. Această presupusă incapacitate de-a ne rezolva problemele ne face să ne simțim nefericiți și neajutorați.

Dar mai provoacă și altceva. Dacă ne confruntăm cu probleme de nerezolvat, atunci tot inconștientul e cel care concluzionează că suntem fie speciali într-un fel aparte, fie defecți într-un fel aparte. Că suntem cumva diferiți de toți ceilalți și că nu ne supunem acelorași reguli.

Simplu spus: simțim că avem dreptul să ni se cuvină totul.

Suferința trăită în adolescență m-a condus pe drumul acesta pe care am tot umblat mare parte din viața mea adultă. Așa cum convingerea lui Jimmy că i se cuvine totul se manifesta în lumea afacerilor, unde pretindea că se bucură de un succes uriaș, a mea s-a manifestat în universul relațiilor, în special în relațiile cu femeile. Trauma mea a fost legată de intimitate și acceptare, astfel că am simțit mereu o nevoie acută de supracompensare, pentru a-mi demonstra că sunt oricând iubit și acceptat. Prin urmare, am ajuns să vânez femei așa cum un dependent de cocaină vânează munți de cocaină: m-am delectat cu obiceiul ăsta, după care inevitabil am fost strivit de el.

Am devenit jucător — un jucător imatur și egoist, chiar dacă uneori destul de fermecător. Aproape zece ani m-am dedat unei serii lungi de relații superficiale și nesănătoase.

Nu după sex tânjeam cel mai mult, deși sexul a fost distractiv. Eu aveam nevoie de validare. Eram dorit; eram iubit; pentru prima oară după o veșnicie, eram *demn*. Setea mea de validare s-a transformat rapid în nevoia de a-mi acorda prea multă importanță și de a manifesta o indulgență exagerată față de mine însumi. Mă simțeam îndreptățit să spun sau să fac orice, să înșel încrederea oamenilor, să ignor sentimentele oamenilor, după care să mă justific cu scuze jalnice, spuse cu jumătate de gură.

Această perioadă din viața mea a avut cu siguranță momentele ei de distracție și entuziasm, timp în care am cunoscut niște femei extraordinare, dar viața mea era tot timpul mai mult sau mai puțin un dezastru. Eram adesea șomer, dormeam pe la prieteni sau la maică-mea, beam mult mai mult decât ar fi trebuit, fugeam de prieteni — iar când întâlneam o femeie care îmi plăcea cu adevărat, psihicul meu absorbit de sine distrugea rapid totul.

Cu cât e mai adâncă suferința, cu atât mai neajutorați ne simțim în fața problemelor noastre și cu atât mai mult ne agățăm de convingerea că ni se cuvine totul pentru a compensa problemele respective. Această convingere se manifestă în două moduri:

1. Eu sunt extraordinar și voi toți sunteți niște fraieri, așa că eu merit un tratament special.
2. Eu sunt jalnic și voi toți extraordinari, așa că eu merit un tratament special.

Din exterior par două mentalități opuse, dar de fapt se bazează pe aceeași atitudine egoistă. Mai mult, veți observa adesea că oamenii care manifestă genul acesta de convingere pendulează adesea între cele două. Fie sunt deasupra lumii, fie lumea e deasupra lor, în funcție de zilele săptămânii sau de cât de bine se descurcă cu dependențele lor în momentul respectiv.

Majoritatea oamenilor vor observa că Jimmy e un prostovan plin de el. Pentru că grandomania sa iluzorie e destul de fățișă. În schimb, persoanele care se simt mereu inferioare și nevrednice sunt mai rar identificate corect ca persoane care au convingerea că li se cuvine totul.

Interpretarea tuturor evenimentelor vieții în sensul victimizării de sine constante presupune la fel de mult egoism ca și opusul său. Să-ți întreții credința că te confrunți cu probleme insurmontabile sau, din contră, că nu ai nicio problemă presupune la fel de multă energie și o iluzorie admirație față de sine.

Adevărul e că nu există probleme personale. Orice problemă ai avea, există mari șanse ca milioane de alți oameni să se fi confruntat cu ea în trecut, să se confrunte cu ea în prezent sau în viitor. Probabil și oameni pe care îi cunoști personal. Asta nu reduce din însemnătatea problemei și nici nu înseamnă că nu doare. Cum nu înseamnă că în anumite circumstanțe s-ar putea să fii într-adevăr o victimă.

Înseamnă doar că nu ești special.

Această conștientizare — că tu și problemele tale *nu* sunteți privilegiați prin gradul de severitate sau suferință implicată — este, adesea, primul și cel mai important pas spre rezolvarea respectivelor probleme.

Nu se știe de ce, dar se pare că tot mai mulți oameni, în special din rândul tinerilor, uită acest aspect. Numeroși profesori și educatori au sesizat la tinerii de azi o lipsă de rezistență emoțională și un exces de solicitări egoiste. E ceva obișnuit să auzi că s-au scos niște cărți din programa școlară din pricină că deranjau pe cineva. Nici despre conferențiari și profesori reduși la tăcere și dați afară din campusuri pentru infracțiunea de-a fi sugerat că niște costume de Halloween nu sunt totuși atât de ofensatoare. Consilierii școlari au remarcat că tot mai mulți elevi manifestă simptome severe de stres emoțional în urma unor episoade altfel banale în viața de zi cu zi din școli, cum ar fi o ceartă cu colegul de cameră ori o notă proastă.

E straniu cum, într-o epocă în care suntem mai conectați ca niciodată cu lumea întreagă, convingerea că totul ni se cuvine pare să fie mai răspândită ca niciodată. E ceva în tehnologia modernă ce pare să permită insecurităților noastre să-și facă de cap mai abitir ca oricând. Cu cât suntem mai liberi să ne exprimăm personalitatea, cu atât tindem să evităm pe oricine ar putea să ne contrazică sau să ne supere în vreun fel. Cu cât suntem mai expuși unor puncte de vedere diferite, cu atât pare că ne supără mai mult existența acestor puncte de vedere. Cu cât mai ușoară și mai lipsită de probleme devine viața, cu atât parcă simțim că avem necondiționat dreptul la o viață și mai bună.

Beneficiile internetului și ale rețelelor sociale sunt extraordinare, nimeni nu poate să conteste asta. Trăim cele mai bune vremuri din istorie, din multe puncte de vedere. Dar e posibil ca aceste tehnologii să implice niște efecte sociale colaterale neprevăzute. Poate că aceleași tehnologii care i-au eliberat și educat pe atât de mulți sunt cele care alimentează mai mult ca niciodată convingerea că ni se cuvine totul, în mod necondiționat.

Tirania excepționalității

Majoritatea dintre noi suntem destul de mediocri în majoritatea lucrurilor pe care le facem. Chiar și atunci când ești excepțional în ceva, există toate șansele ca în rest să fii mediocru sau submediocru. Asta este natura vieții. Pentru a deveni cu adevărat bun în ceva, trebuie să dedici enorm de mult timp și energie lucrului respectiv. Dar cum timpul și energia noastră sunt limitate, foarte puțini dintre noi devin excepționali fie și într-un singur domeniu.

Putem afirma, așadar, că este improbabil, din punct de vedere statistic, ca o persoană să fie extraordinară în toate domeniile vieții sau fie și în mai mult de un domeniu. Oamenii de afaceri străluciți sunt adesea praf în viața particulară. Atleții nemaipomeniți sunt de multe ori superficiali și grei de cap ca o piatră lobotomizată. Multe celebrități sunt probabil la fel de neștiutoare într-ale vieții precum oamenii care se uită cu gura căscată la ele și le urmăresc toate mișcările.

Noi toți suntem, în majoritatea acțiunilor noastre, destul de mediocri. Însă de publicitate au parte doar extremele. Cumva știm deja asta, dar ne gândim/vorbim rar despre asta și cu siguranță nu discutăm niciodată despre motivele pentru care această realitate ar reprezenta o problemă.

Să ai acces la internet, Google, Facebook, YouTube și peste cinci sute de canale de televiziune este uluitor. Dar atenția noastră este limitată. Este imposibil să procesăm valurile de informație care trec constant peste noi. Astfel că singurele unități de cod care reușesc să ne atragă atenția sunt informațiile cu adevărat excepționale — adică 0,001%.

Suntem bombardați de excepțional, zi de zi, de dimineața până seara. Cu ce e mai bun din ce e mai bun. Cu ce e mai rău din ce e mai rău. Cu cele mai extraordinare trupuri. Cele mai amuzante glume. Cele mai supărătoare știri. Cele mai înspăimântătoare amenințări. Non-stop.

Viața noastră este plină de informații din extremele graficului experienței umane, deoarece în industria media asta atrage atenția, iar atenție înseamnă bani. Punct. Totuși, cele mai multe lucruri din viață sunt banale și se află în partea din mijloc a graficului. Vasta majoritate a vieții *nu* este extraordinară, ba chiar destul de mediocră.

Acest potop de informații extreme ne-a condiționat să credem că excepționalitatea este noua normalitate. Dar pentru că noi suntem destul de mediocri în majoritatea timpului, avalanșa de informații excepționale ne face să ne simțim al naibii de nesiguri și disperați, fiind limpede că pe undeva nu suntem suficient de buni. De aici nevoia tot mai mare de a compensa prin dependențe și convingerea că ni se cuvine totul. Ne descurcăm cum știm mai bine: acordându-ne o importanță exagerată nouă înșine sau celorlalți.

Unii dintre noi se concentrează pe scheme de îmbogățire rapidă. Alții străbat planeta ca să salveze copiii înfometați din Africa. Alții sunt foarte buni la învățătură și-și trec toate premiile în palmares. Alții deschid focul într-un liceu. Alții caută să reguleze tot ce mișcă.

Este vorba despre un fenomen asociat celui tot mai extins de a ne lăsa dominați de convingerea că totul ni se cuvine, cel despre care am vorbit mai devreme. Milenialii sau Generația Y sunt cel mai adesea acuzați de această mutație culturală, dar sunt acuzați, probabil, din pricină că ei sunt generația cea mai conectată și mai vizibilă în momentul acesta. În realitate, tendința de a avea convingerea că totul ni se cuvine este vizibilă în toate straturile societății. Eu cred că e legată de excepționalitatea promovată de mass-media.

Problema e că răspândirea tehnologiei și a marketingului de masă dă peste cap așteptările multora față de ei înșiși. Avalanșa de lucruri excepționale îi face pe oameni să se simtă prost cu ei înșiși, îi face să simtă nevoia de a avea un comportament mai radical și de a se asigura permanent că sunt remarcați și că sunt valoroși.

În tinerețe, nesiguranța mea legată de intimitate era exacerbată de toate poveștile ridicole despre masculinitate care circulau prin cultura noastră populară. Aceleași povești care *încă* circulă: trebuie să fii cool, trebuie să petreci ca un star rock, trebuie să fii respectat și admirat de femei; sexul este lucrul cel mai de preț pe care îl poate obține un bărbat, lucrul pentru care merită să sacrifice orice (inclusiv demnitatea).

Acest șuvoi neîntrerupt de informații nerealiste se acumulează peste sentimentele noastre reale de insecuritate, în timp ce noi suntem din ce în ce mai expuși unor standarde nerealiste, la înălțimea cărora nu reușim nicicum să ne ridicăm. Nu e suficient că eram prizonierii unor probleme de nerezolvat, acum ne simțim niște ratați după ce o simplă căutare pe Google ne arată mii de oameni care nu se confruntă cu aceleași probleme.

Tehnologia a rezolvat vechile probleme practice, înlocuindu-le cu altele noi, de natură psihologică. Internetul nu a înlesnit doar circulația informației, ci și a nesiguranței, a îndoielilor și a sentimentului de inadecvare.

D-d-d-dar, dacă nu sunt nici special, nici extraordinar, atunci care-i faza?

Cultura contemporană ne-a indus credința că suntem *cu toții* meniți să facem ceva cu adevărat extraordinar. Ne-o spun celebritățile. Ne spun magnații. Politicienii. Ba chiar și Oprah o spune (deci trebuie să fie adevărat). Fiecare dintre noi poate fi extraordinar. Fiecare dintre noi *merită* să ajungă sus de tot.

Faptul că această afirmație este în sine o contradicție — pentru că, în definitiv, dacă *toți* suntem extraordinari, atunci, prin definiție, nu este *nimeni* extraordinar — trece neobservat pentru majoritatea oamenilor. În loc să punem sub semnul întrebării ce merităm și ce nu merităm, noi înghițim mesajul ăsta și cerem încă o porție.

A fi „comun" a devenit egal cu ratarea. Nu există nimic mai rău decât poziționarea în turmă, în mijlocul graficului vieții. Când standardul cultural al succesului este „extraordinarul", e mai bine să te situezi în extremitatea de jos a graficului decât în mijloc, deoarece așa măcar ești special și meriți atenție. E o strategie folosită de mulți: să demonstrezi celorlalți că ești cel mai nefericit, cel mai oprimat, cel mai victimizat.

Mulți oameni se tem să accepte mediocritatea crezând că prin acceptarea acesteia nu vor mai reuși nimic, nu vor evolua, iar viața lor nu va avea niciun sens.

Un tip periculos de gândire. Dacă accepți ideea că viața merită trăită doar dacă e cu adevărat notabilă și măreață, atunci practic accepți faptul că majoritatea populației (inclusiv tu însuți) e inutilă și fără rost. O mentalitate ce poate deveni pe nesimțite periculoasă, pentru tine și pentru ceilalți.

Cei foarte puțini care devin cu adevărat excepționali în ceva nu devin astfel pentru că se cred excepționali. Dimpotrivă, devin uimitori deoarece sunt obsedați de îmbunătățire. Obsesie ce se trage din credința infailibilă că nu sunt deloc buni. Este exact *anti*-îndreptățirea. Oamenii care devin foarte buni în ceva devin astfel deoarece înțeleg că nu sunt deja buni — ci mediocri, medii — dar că sunt în stare de mai mult.

Chestia asta cu „orice om poate fi extraordinar și poate atinge culmea gloriei" este de fapt o autoexcitare a egoului. Un mesaj cu gust bun, dar lipsit de calorii, ce te face gras și umflat din punct de vedere emoțional; faimosul Big Mac pentru inimă și creier.

Sănătatea psihică, la fel ca sănătatea fizică, presupune să-ți mănânci legumele — adică să accepți adevărurile seci și banale ale vieții: adevăruri precum „acțiunile tale nu contează de fapt *atât de mult* în marea schemă a lucrurilor" și „mare parte din viața ta va fi plictisitoare și cu totul neremarcabilă, dar este bine așa". Dieta asta cu legume va avea un gust rău la început. Foarte rău. Vei încerca să o eviți.

Dar dacă te vei ține de ea, îți vei simți corpul mai puternic și mai plin de viață. Să nu uităm că te vei elibera de presiunea constantă de-a fi ceva extraordinar, de-a fi următorul star. Stresul și anxietatea provocate de sentimentul constant de inadecvare și de nevoia de a-ți demonstra valoarea se vor risipi. Recunoașterea și acceptarea propriei existențe banale te vor elibera, oferindu-ți șansa de a realiza ce-ți dorești, fără autocritică sau așteptări exagerate.

Vei aprecia din ce în ce mai mult experiențele simple ale vieții: plăcerea prieteniei simple, creativitatea, ajutorul oferit cuiva la ananghie, lectura unei cărți bune, să râzi împreună cu cineva de care îți pasă.

Sună plicticos, nu-i așa? Sună așa pentru că acestea sunt lucruri obișnuite. Dar poate că există un motiv pentru care sunt obișnuite: sunt lucrurile care contează *cu adevărat*.

Capitolul 4
Valoarea suferinței

În ultimele luni ale anului 1944, după aproape un deceniu de conflict, Japonia era din ce în ce mai strânsă în menghină. Economia mergea foarte prost, armata era risipită pe jumătate din suprafața Asiei, iar teritoriile cucerite în Pacific cădeau acum ca niște piese de domino în fața forțelor armate americane. Înfrângerea părea inevitabilă.

Pe 26 decembrie 1944, sublocotenentul Hiroo Onoda din Armata Imperială Japoneză a fost trimis pe mica insulă Lubang din Filipine. Misiunea lui era să încetinească pe cât posibil progresul Statelor Unite, să rămână pe poziții, să lupte cu orice preț și să nu se predea niciodată. Atât el, cât și comandantul său știau că era de fapt o misiune sinucigașă.

Americanii au ajuns la Lubang în februarie 1945 și au cucerit insula printr-o mobilizare copleșitoare de forțe. Majoritatea soldaților japonezi au fost uciși sau capturați în decurs de câteva zile, dar Onoda și trei dintre oamenii săi au reușit să se ascundă în junglă. De acolo, au început un război de gherilă împotriva forțelor americane și a populației autohtone, atacând liniile de aprovizionare, trăgând în soldații rătăciți, încurcând pe orice cale treburile americanilor.

După o jumătate de an, în august, Statele Unite au aruncat bombele atomice asupra orașelor Hiroshima și Nagasaki. Bombardamentul a dus la capitularea Japoniei și la încheierea dramatică a celui mai sângeros război din istoria omenirii.

Totuși, mii de soldați japonezi au rămas în continuare împrăștiați prin insulele Pacificului, majoritatea, ca Onoda, ascunși în junglă, fără posibilitatea de-a afla că războiul se sfârșise. Acești soldați au continuat să lupte și să jefuiască întocmai ca și până atunci. O adevărată problemă pentru reconstrucția Asiei după război, astfel că guvernele au fost de acord că trebuiau luate măsuri.

Armata Statelor Unite împreună cu guvernul Japoniei au aruncat mii de broșuri în regiunea Pacificului, prin care îi anunțau pe soldați că războiul se terminase și că sosise vremea să plece acasă. Onoda și oamenii săi, ca mulți alții, au găsit și au citit aceste broșuri, dar, spre deosebire de ceilalți, au hotărât că erau false, o capcană prin care forțele americane încercau să-i facă pe luptătorii de gherilă să-și dea de gol pozițiile. Onoda și ai săi au ars broșurile și au continuat să lupte din pozițiile lor ascunse.

Au trecut cinci ani. N-au mai fost aruncate broșuri, iar de-acum majoritatea americanilor plecaseră de mult acasă. Localnicii din Lubang au încercat să revină la viețile lor normale de pescari și fermieri. Dar Hiroo Onoda și oamenii lui caraghioși au rămas pe poziții, continuând să tragă în fermieri, să ardă recolte, să fure animale și să ucidă localnicii care îndrăzneau să se aventureze prea mult în desișul junglei. Guvernul filipinez a împrăștiat noi broșuri peste junglă. Ieșiți, spuneau. Războiul s-a terminat. Ați pierdut.

Însă luptătorii le-au ignorat și pe acestea.

În 1952, guvernul japonez a întreprins un ultim efort de a-i scoate pe ultimii luptători din Pacific din ascunzătorile lor. De data asta au fost aruncate din avion scrisori și fotografii cu familiile soldaților dispăruți, precum și mesajul personal al împăratului. Onoda a refuzat din nou să creadă că mesajele erau autentice. A crezut și de data asta că erau o șmecherie pusă la cale de americani. El și oamenii lui au rămas și de data asta pe poziții.

Au mai trecut câțiva ani, timp în care localnicii filipinezi, sătui de teroare, s-au înarmat și au început să riposteze. Până în 1959, unul dintre camarazii lui Onoda s-a predat, iar altul a fost ucis. Apoi, după alți zece ani, un bărbat pe nume Kozuka, ultimul camarad al lui Onoda, a fost ucis într-o încăierare cu poliția în timp ce încerca să incendieze un câmp de orez — *încă* războindu-se cu populația locală, la un sfert de secol după încheierea celui de-al Doilea Război Mondial!

Onoda, care își petrecuse de-acum mai bine de jumătate din viață în jungla din Lubang, a rămas singur.

În 1972, veștile despre uciderea lui Kozuka au făcut ceva valuri în Japonia. Japonezii credeau că ultimul soldat venise acasă cu ani în urmă. Presa japoneză a început să-și pună întrebări: în cazul în care Kozuka rezistase la Lubang până în 1972, atunci poate că și

Onoda, ultimul soldat japonez despre care se știa că rămăsese activ în lupta de gherilă după finalul războiului, mai era în viață pe undeva. În cursul aceluiași an, atât japonezii, cât și filipinezii au trimis echipe în căutarea enigmaticului sublocotenent, ajuns de-acum parte mit, parte erou, parte fantomă.

Nu l-au găsit.

Pe măsură ce s-au scurs lunile, povestea locotenentului Onoda a căpătat dimensiunile unei legende urbane în Japonia — părea cu totul nebunesc ca acest erou de război să existe în realitate. Mulți l-au idealizat. Alții l-au criticat. Alții spuneau că e un personaj inventat de cei ce se încăpățânau să creadă într-o Japonie de mult apusă.

Tot cam pe atunci a auzit prima oară despre Onoda un tânăr pe nume Norio Suzuki. Suzuki era aventurier, explorator și un pic hipiot. Născut după terminarea războiului, abandonase școala și traversase Asia, Orientul Mijlociu și Africa făcând autostopul, dormind pe băncile din parc, în mașinile străinilor, la închisoare sau sub cerul liber. Muncea pe la ferme ca să capete mâncare și dona sânge pentru a-și plăti cazarea. Un spirit liber și probabil ușor țăcănit.

În 1972, Suzuki avea nevoie de o nouă aventură. Revenit în Japonia după călătoriile sale, normele culturale stricte și ierarhia socială i se păreau sufocante. Ura școala. Nu era capabil să păstreze un loc de muncă. Își dorea să plece din nou, să fie de capul lui.

Pentru Suzuki, legenda lui Hiroo Onoda a venit ca un răspuns la propriile probleme. O aventură nouă, una care merita toată atenția lui. Suzuki credea că *el* îl poate găsi pe Onoda. Sigur, echipele de căutare ale guvernelor japonez, filipinez și american nu l-au găsit; forțele de poliție au scotocit treizeci de ani prin junglă, tot fără succes; mii de broșuri aruncate din avion degeaba — la naiba cu toate astea, cel care avea să-l găsească pe Onoda era acest hipiot vagabond care abandonase școala.

Suzuki a plecat la Lubang și a intrat imediat în junglă, neînarmat și complet neinițiat în tehnicile de recunoaștere sau în războiul de gherilă. Strategia lui era simplă: să-l strige pe Onoda și să-i spună că împăratul era îngrijorat din pricina lui.

L-a găsit în patru zile.

Suzuki a rămas o vreme cu Onoda în junglă. Acesta era singur deja de mai bine de un an, așa că s-a bucurat să-l primească pe tânăr, fiind disperat să afle dintr-o sursă japoneză sigură ce se întâmplase în lumea din afară. Cei doi au devenit oarecum prieteni.

Suzuki l-a întrebat pe Onoda ce-l făcuse să rămână în junglă și să continue lupta. Răspunsul acestuia a fost simplu: primise ordinul de „a nu se preda niciodată“, așa că a stat. Își petrecuse aproape treizeci de ani îndeplinind un ordin. Onoda l-a întrebat pe Suzuki cum de un „băiat hipiot“ ca el s-a hotărât să-l caute. Suzuki i-a spus că a plecat din Japonia hotărât să găsească trei lucruri: pe Onoda, un urs panda și pe Omul Zăpezilor. În ordinea asta.

Doi bărbați care s-au întâlnit în cele mai ciudate împrejurări: doi aventurieri bine intenționați urmându-și niște visuri iluzorii, un Don Quijote și un Sancho Panza japonezi, blocați în gropile umede din jungla filipineză, imaginându-se eroi, deși erau singuri, nu aveau nimic și nu făceau nimic. Onoda își sacrificase deja o mare parte din viață unui război fantomă. Suzuki avea să renunțe și el la viața sa. A murit după câțiva ani în munții Himalaya, căutându-l pe Omul Zăpezilor, după ce i-a găsit pe Hiroo Onoda și pe ursul panda.

Oamenii aleg adesea să dedice părți consistente din viețile lor unor cauze aparent inutile sau distructive. La o primă vedere, aceste cauze par absurde. E greu să ne imaginăm că Onoda a fost în vreun fel fericit în timpul celor treizeci de ani petrecuți în junglă — a supraviețuit hrănindu-se cu insecte și rozătoare, a dormit în noroi și a ucis civili deceniu după deceniu. Sau să înțelegem de ce a plecat Suzuki într-un pelerinaj spre propria moarte, fără bani, tovarăși de drum sau alt scop în afară de găsirea unui Yeti imaginar.

Și totuși, Onoda avea să declare mai târziu în decursul vieții sale că nu regretă nimic. A susținut că era mândru de alegerile sale și de timpul petrecut în Lubang. S-a declarat mândru că avusese șansa de a-și fi dedicat o parte însemnată din viață servirii unui imperiu inexistent. Dacă Suzuki ar fi supraviețuit, ar fi declarat ceva asemănător: că a făcut exact ce trebuia să facă și că nu regretă nimic.

Acești doi bărbați și-au ales modalitatea în care să sufere. Hiroo Onoda a ales să sufere din loialitate față de un imperiu mort. Suzuki a ales să sufere pentru aventură, indiferent cât de periculos ar fi fost. În cazul amândurora, suferința a *însemnat* ceva; a servit unei cauze mai mari. Și pentru că a însemnat ceva, ei au fost capabili să o suporte, ba poate chiar să se bucure de ea.

Dacă suferința este inevitabilă, dacă problemele nu pot fi evitate, atunci întrebarea pe care ar trebui să ne-o punem nu este „Cum pot opri suferința?“, ci „*De ce* sufăr — care este rostul suferinței mele?“.

Hiroo Onoda s-a întors în Japonia în 1974, devenind un fel de celebritate în țara lui. A fost plimbat pe la toate emisiunile posturilor de radio; politicienii s-au înghesuit să-i strângă mâna; a publicat o carte, ba a primit chiar și o mare sumă de bani din partea guvernului.

Însă ce a găsit când a revenit în Japonia l-a oripilat: o cultură de consum, capitalistă, superficială, care pierduse orice tradiție a onoarei și sacrificiului în spiritul cărora fusese educată generația lui.

Onoda a încercat să se folosească de celebritatea sa bruscă pentru a promova valorile Vechii Japonii, însă era complet surd la noua societate japoneză. A fost privit mai mult ca o ciudățenie decât ca un gânditor serios — un japonez care ieșise dintr-o capsulă a timpului, spre uluirea tuturor, ca o relicvă dintr-un muzeu.

Și, culmea culmilor, Onoda a ajuns mult mai deprimat decât fusese vreodată în cei treizeci de ani petrecuți în junglă. Acolo viața lui măcar avusese un sens, un rost. Acolo suferința lui fusese suportabilă, ba chiar cumva plăcută. Însă în Japonia, într-o țară pe care el o vedea populată acum de hipioți și femei ușoare îmbrăcate după moda vestică, s-a confruntat cu un adevăr inevitabil: lupta lui nu însemnase nimic. Japonia pentru care trăise și luptase nu mai exista. Greutatea acestui adevăr l-a străpuns mai brutal decât un glonț. Pentru că suferința lui nu însemnase nimic, adevărul a devenit limpede precum cristalul: treizeci de ani irosiți de pomană.

Așa că, în 1980, Onoda și-a făcut bagajele și s-a mutat în Brazilia, unde a rămas până la sfârșitul zilelor sale.

„Ceapa“ conștientă de sine

Conștiința de sine este ca o ceapă. Are multe straturi; cu cât o decojești mai adânc, cu atât te va face să plângi în momente nepotrivite.

Să spunem că primul strat este simpla înțelegere a emoțiilor. „Acum mă simt fericit.“ „Asta mă face să mă simt trist.“ „Asta îmi dă speranță.“

Din păcate, mulți oameni sunt complet neajutorați chiar și la acest prim nivel al conștiinței. Știu sigur, pentru că sunt unul dintre ei. Eu și soția mea jucăm uneori un joc de du-te-vino cam așa:

EA. Care e problema?
EU. Nicio problemă. E totul în regulă.

EA. Nu, e ceva. Spune-mi ce este.
EU. Sunt bine. Serios.
EA. Ești sigur? Pari supărat.
EU, *cu rânjetul meu nervos*. Serios? Nu, pe bune, chiar sunt bine.

(*Treizeci de minute mai târziu...*)
EU... Și de asta mă scoate din minți! Se poartă de parcă nici n-aș exista jumătate din timp.

Avem cu toții puncte emoționale moarte. Adesea acestea au de-a face cu emoțiile despre care ni s-a spus în copilărie că nu sunt în regulă. E nevoie de ani de practică și efort pentru a deveni eficace în identificarea punctelor noastre moarte și în exprimarea corespunzătoare a emoțiilor afectate. Dar merită tot efortul, fiind o problemă de o importanță capitală.

Al doilea strat al cepei este abilitatea de-a ne întreba *de ce* simțim anumite emoții.

Întrebările de tipul *de ce* sunt dificile și adesea e nevoie de luni sau chiar ani până primesc un răspuns consistent și precis. Mulți dintre noi trebuie să apeleze la un vreun fel de terapeut doar pentru a auzi aceste întrebări formulate pentru prima oară. Aceste întrebări sunt importante deoarece clarifică ce înseamnă succes sau eșec pentru noi. De ce te simți furios? Fiindcă ai eșuat în atingerea unui scop? De ce te simți letargic și neinspirat? Din cauză că nu te simți suficient de bun?

Stratul punerii sub semnul întrebării ne ajută să înțelegem cauza inițială a emoțiilor care ne copleșesc.

Odată înțeleasă cauza, se presupune că vom putea face ceva să schimbăm lucrurile.

Dar mai există un strat, și mai profund. Un strat plin de lacrimi. Cel de-al treilea strat este cel al valorilor personale: *de ce* consider cutare întâmplare un succes sau un eșec? După ce criterii aleg să mă evaluez pe mine însumi? După ce standarde mă judec pe mine și pe cei din jurul meu?

Acest nivel, ce necesită întrebări și analiză constante, este incredibil de greu de atins. Dar este și cel mai important, întrucât valorile noastre determină natura problemelor noastre, iar natura problemelor noastre determină calitatea vieții noastre.

Valorile stau la baza întregii noastre identități și a tuturor acțiunilor noastre. Dacă alegem valori inutile, dacă nu definim eficient succesul/eșecul, atunci tot ce se sprijină pe aceste valori — gândurile, emoțiile, sentimentele de zi cu zi — nu va funcționa. Orice simțim și gândim despre o situație ține în cele din urmă de cât de importantă o percepem a fi pentru noi.

Majoritatea oamenilor sunt lamentabili în formularea unor răspunsuri precise la întrebările de tipul *de ce*, fapt care-i împiedică să atingă un nivel mai profund de cunoaștere a propriilor valori. Desigur, s-ar putea să *spună* că prețuiesc onestitatea și prietenia sinceră, pentru ca mai apoi să te mintă pe la spate ca să se simtă ei mai bine. Oamenii se pot percepe pe ei înșiși ca însingurați. Dar când îi întrebi *de ce* se simt singuri, au tendința de a căuta o cale prin care să-i acuze pe ceilalți — toți ceilalți sunt răi, sau nu sunt suficient de relaxați și inteligenți ca să-i înțeleagă — și cu asta au amânat încă o dată să-și confrunte problemele în loc să le rezolve.

Mulți oameni numesc asta conștiință de sine. Totuși, dacă ar fi capabili să meargă mai adânc pentru a-și cunoaște valorile pe care se bazează, ar înțelege că analiza lor inițială s-a bazat pe evitarea responsabilității față de propriile probleme, mai curând decât pe definirea precisă a problemei. Ar înțelege că și-au bazat deciziile pe obținerea unor momente de euforie, nu pe dobândirea fericirii autentice.

Dar și cei mai mulți dintre mentorii dezvoltării personale ignoră acest nivel profund al conștientizării de sine. Ei se adresează unor oameni nefericiți pentru că nu sunt bogați, cărora le vând tot felul de sfaturi pentru a se îmbogăți, ignorând întrebările importante legate de valorile de bază ale acestor oameni: *De ce* simt oamenii aceștia că trebuie să fie bogați de fapt? Cum aleg să măsoare succesul/eșecul personal? Oare chiar sunt nefericiți din cauză că nu conduc un Bentley sau mai degrabă din cauza uneia dintre valorile lor?

Mare parte din aceste sfaturi operează la un nivel superficial, încercând să-i facă pe oameni să se simtă bine pe termen scurt, în timp ce problemele autentice, de lungă durată, rămân nerezolvate. Percepțiile și emoțiile se pot schimba, dar valorile inerente și sistemul de definire al acestora rămân aceleași. Acesta nu este un progres real. E doar o altă cale de-a obține mai multe momente euforice.

Să privești înăuntrul tău cu sinceritate și să te iei la întrebări este un proces dificil. Presupune formularea unor întrebări al căror răspuns ne va face să ne simțim inconfortabil. Din experiența mea, cu cât e mai inconfortabil răspunsul, cu atât sunt mai multe șanse să fie adevărat.

Opriți-vă un moment și gândiți-vă la ceva ce vă sâcâie cu adevărat. Întrebați-vă *de ce* vă sâcâie chestiunea respectivă. Probabil că răspunsul e legat de vreo formă de eșec. Apoi întrebați-vă de ce percepeți acest eșec ca fiind „adevărat". Dar dacă eșecul nu este de fapt adevărat? Dacă l-ați perceput eronat?

Vă dau un exemplu recent din viața mea:

> „Mă enervează că fratele meu nu-mi răspunde la mesaje și e-mailuri."
> *De ce?*
> „Fiindcă simt că nu-i pasă de mine."
> *De ce pare adevărată această percepție?*
> „Fiindcă, dacă ar fi vrut să aibă o relație cu mine, și-ar fi rupt zece secunde din timp ca să interacționeze cu mine."
> *De ce simți că lipsa interacțiunii cu el reprezintă un eșec?*
> „Pentru că suntem frați și ar trebui să avem o relație bună!"

Aici apar două aspecte: o valoare la care țin și modalitatea în care măsor progresul meu spre atingerea acestei valori. Valoarea: frații ar trebui să aibă o relație bună. Modul de măsurare: contactul telefonic sau prin e-mail — asta dă măsura succesului meu în rol de frate. Atașamentul meu față de acest sistem de măsurare mă face să simt că am dat greș, iar asta îmi strică uneori diminețile de sâmbătă.

Reluând acest raționament, putem săpa și mai adânc:

> *De ce e musai ca frații să aibă o relație bună?*
> „Fiindcă sunt parte dintr-o familie, iar familiile trebuie să fie unite!"
> *De ce pare adevărată această afirmație?*
> „Fiindcă familia trebuie să fie pe primul loc!"
> *De ce pare o afirmație adevărată?*
> „Fiindcă este «normal» și «sănătos» să fii apropiat de ai tăi, iar eu nu am parte de așa ceva."

În acest schimb de întrebări și răspunsuri, mie îmi este clar care este valoarea inerentă — o relație bună cu fratele meu — dar am probleme cu modul în care evaluez această valoare. Am rebotezat-o „apropiere", dar sistemul de măsurare nu s-a schimbat cu adevărat: evaluez în continuare succesul meu în rol de frate în funcție de frecvența contactului — dar mă și compar, după aceleași criterii, cu oamenii din jurul meu. Toți ceilalți (cel puțin așa pare) au o relație strânsă cu membrii familiilor lor, numai eu nu. Deci e clar că ceva nu e în regulă cu mine.

Dar dacă, de fapt, mă evaluez pe mine și viața mea după un standard greșit? Poate că există și alte adevăruri, pe care eu nu le iau în considerare? Poate că nu e musai să fiu *aproape* de fratele meu pentru a avea o relație bună, *valoroasă* pentru mine. Poate că e nevoie doar de respect reciproc (care există). Sau poate că eu caut încredere reciprocă (și aceasta există). Poate că aceste *standarde* sunt măsuri mai bune pentru evaluarea relației dintre frați decât numărul de mesaje pe care ni le trimitem.

E destul de logic; simt că e adevărat. Dar tot mă doare că eu și fratele meu nu suntem mai apropiați. Și nu reușesc nicicum să transform sentimentul ăsta în ceva pozitiv. E o realizare pe care nu o pot transforma într-un prilej de a mă lăuda pe mine. Uneori, frații — chiar și cei care se iubesc — nu au relații apropiate, dar e în regulă așa. Nu e ușor de acceptat, dar e în regulă. Adevărul obiectiv despre situațiile în care te afli este mai puțin important decât felul în care percepi situațiile, felul în care alegi să le evaluezi și cum le valorizezi. Problemele s-ar putea să fie inevitabile, dar *sensul* lor nu este. Sensul problemelor noastre îl putem controla în funcție de modalitatea în care alegem să ne gândim la ele, standardul după care alegem să le evaluăm.

Probleme de rock-star

În 1983, un tânăr chitarist talentat a fost dat afară în cea mai urâtă manieră din trupa în care cânta. Trupa tocmai semnase un contract și urma să înregistreze primul album. Chitaristul a fost dat pe ușă afară cu doar câteva zile înainte de intrarea în studio — fără avertismente, fără discuții, fără întorsături dramatice; pur și simplu l-au trezit într-o dimineață și i-au înmânat un bilet de autobuz cu destinația acasă.

Pe drumul de la New York la Los Angeles, chitaristul a fost, bineînțeles, frământat de întrebări: Cum s-a putut întâmpla una ca asta? Unde am greșit? Ce voi face de-acum? Contractele cu case de discuri nu picau din cer, în special pentru trupele de metal gălăgios aflate la început de drum. Oare tocmai irosise o șansă unică?

Până a ajuns la Los Angeles, chitaristul renunțase să se mai plângă și era determinat să înființeze o trupă nouă. Noua lui trupă urma să aibă un asemenea succes că foștii lui colegi aveau să regrete pentru totdeauna decizia luată. Avea să ajungă atât de celebru, încât foștii colegi urmau să suporte zeci de ani aparițiile sale la televizor, vocea lui la radio, afișele cu poza sa pe străzi și articole despre el în presă. Ei aveau să-și ducă traiul lor jalnic pe undeva, să-și încarce instrumentele în mașini după amărâtele lor de concerte în cluburi, grași și beți împreună cu nevestele lor urâte, în vreme ce el avea să isterizeze mulțimile pe stadioane, în concerte transmise în direct la televiziune. Avea să se scalde în lacrimile trădătorilor săi, șterse picătură cu picătură cu bancnote de o sută de dolari noi-nouțe, imaculate.

Și cu asta, chitaristul s-a pus pe treabă de parcă ar fi fost posedat de un demon muzical. A petrecut luni de zile recrutând cei mai buni muzicieni pe care i-a găsit — cu mult mai buni decât cei din fosta trupă. A scris zeci de cântece și a repetat sistematic. Furia clocotitoare i-a alimentat ambiția; răzbunarea a devenit muza lui. După câțiva ani, trupa nouă a semnat un contract, iar după încă un an a scos un prim album cu un succes fulminant.

Numele chitaristului este Dave Mustaine, iar noua lui trupă este Megadeth, o formație de heavy-metal legendară astăzi. Megadeth a vândut peste 25 de milioane de discuri și a concertat de mai multe ori în jurul lumii. Mustaine este considerat azi unul dintre cei mai sclipitori și mai influenți muzicieni din istoria muzicii heavy-metal.

Din păcate, trupa din care a fost dat afară este Metallica, formație ce a vândut peste 180 de milioane de albume în întreaga lume. Metallica este considerată de mulți una dintre cele mai mari trupe rock din toate timpurile.

Acesta este motivul pentru care Mustaine, într-un interviu foarte sincer luat în 2003, afirma cu lacrimi în ochi că nu se poate abține să se considere *în continuare* un ratat. În mintea lui rămâne muzicianul dat afară de la Metallica, în ciuda tuturor realizărilor sale ulterioare.

Suntem maimuțe. Ne credem sofisticați nevoie mare cu aparatele noastre de prăjit pâine și pantofii de designer, dar suntem doar niște maimuțe frumos îmbrăcate. Și pentru că suntem maimuțe, ne comparăm instinctual cu ceilalți, cu care intrăm în competiție pentru statut. Întrebarea nu este *dacă* ne evaluăm în funcție de ceilalți, ci *după ce standard* o facem?

Dave Mustaine, conștient sau nu, și-a ales drept criteriu al evaluării de sine succesul și popularitatea comparativ cu cele atinse de Metallica. Atât de dureroasă a fost eliminarea lui din cadrul acestei trupe, că și-a stabilit drept criteriu al aprecierii valorii și carierei sale „succesul în comparație cu cel atins de Metallica".

Deși a reușit să transforme un eveniment dureros în ceva pozitiv, înființarea trupei Megadeth, decizia de a-și măsura realizările raportându-se la succesul trupei Metallica a continuat să-i provoace suferință și după zeci de ani. Banii, fanii și premiile nu l-au ajutat să scape de sentimentul de ratare.

Unor oameni ca noi, situația lui Dave Mustaine s-ar putea să le pară amuzantă. Vorbim de un om cu milioane de dolari în cont, sute de mii de fani înnebuniți după el, o carieră în domeniul care i-a plăcut cel mai mult, dar *încă* resentimentar din cauză că amicii lui de-acum douăzeci de ani sunt mai celebri decât el.

Ne pare amuzant deoarece credem în alte valori decât Mustaine și ne măsurăm viața în funcție de alte standarde. Probabil că noi folosim niște standarde mai apropiate de „Nu vreau să muncesc pentru un șef pe care-l detest", „Mi-ar plăcea să câștig suficienți bani cât să-mi trimit copilul la o școală bună" sau „M-aș bucura să nu sfârșesc undeva într-o gură de canalizare". Judecând după aceste repere, Mustaine se bucură de un succes nebun, de neimaginat. Dar după standardele *sale*, „A fi mai popular și a avea mai mult succes decât Metallica", e un ratat.

Valorile noastre determină standardele după care ne măsurăm pe noi și pe ceilalți. Onoda a rezistat aproape treizeci de ani în jungla de la Lubang din cauză că pentru el loialitatea față de împărat era o valoare importantă. Dar aceeași valoare l-a făcut să fie nefericit după ce s-a întors în Japonia. Motivația lui Mustaine de-a ajunge să fie mai bun decât Metallica l-a ajutat să-și construiască o carieră muzicală de succes. Dar același standard al succesului l-a torturat mai târziu, în ciuda succesului de care s-a bucurat.

Dacă vrei să-ți modifici percepția asupra problemelor tale, trebuie să-ți modifici valorile sau modul în care măsori succesul/eșecul.

Să analizăm un alt exemplu, al altui muzician care a fost dat afară dintr-o trupă. Povestea lui amintește în mod straniu de povestea lui Mustaine, deși s-a petrecut cu două decenii mai devreme.

Se întâmpla în 1962, când o nouă trupă din Liverpool, Anglia, tocmai începea să facă valuri. Trupa purta un nume ciudat, iar membrii săi aveau niște tunsori pe măsură de ciudate, însă muzica lor era în mod cert bună, iar industria muzicală începuse în sfârșit să-i remarce.

Trupa era compusă din John, solistul vocal și compozitorul; Paul, basistul romantic cu figură de copilaș; George, chitaristul rebel. Plus percuționistul.

Era considerat cel mai arătos din gașcă — fetele erau înnebunite după el, iar revistele se întreceau în a publica fotografii cu el. Era, totodată, și cel mai serios dintre cei patru. Nu consuma droguri. Avea o prietenă stabilă. Mai mult, câțiva oameni importanți considerau că *el* trebuia să fie figura trupei, nu John sau Paul.

Numele său era Pete Best. În 1962, după semnarea primului lor contract, ceilalți trei membri ai trupei Beatles s-au întâlnit în secret și i-au cerut managerului trupei, Brian Epstein, să-l concedieze pe Pete. Epstein a amânat cât a putut decizia. Pete îi era simpatic, așa că a ignorat solicitarea, sperând că cei trei se vor răzgândi.

După câteva luni, cu doar trei zile înainte de înregistrarea primului disc, Epstein l-a chemat în cele din urmă pe Best în biroul său. Impresarul l-a anunțat cât se poate de direct că trebuia să se care și să-și caute altă trupă. Nu i-a oferit niciun argument, nicio explicație, nicio vorbă de alinare — l-a anunțat doar că ceilalți voiau să plece, așa că multă sănătate și la revedere.

Beatles l-au înlocuit pe Best cu un ciudat pe nume Ringo Starr. Ringo era ceva mai în vârstă și avea un nas mare și ciudat. Ringo a fost de acord să-și facă aceeași tunsoare hidoasă ca John, Paul și George, insistând să compună cântece despre caracatițe și submarine. Ceilalți au zis desigur, dă-i bătaie, de ce nu?

La șase luni după concedierea lui Best, a explodat beatlemania, iar John, Paul, George și Ringo au devenit unii dintre cei mai celebri oameni de pe planetă.

În timpul ăsta, Best a căzut, bineînțeles, într-o depresie profundă și și-a petrecut zilele făcând ce ar face orice englez dacă-i dai cât de cât un motiv: a băut.

Restul anilor șaizeci nu au fost deloc blânzi cu Pete Best. Până în 1965, i-a dat în judecată pe doi dintre membrii Beatles pentru calomnie, în timp ce proiectele sale muzicale au eșuat lamentabil. Apoi, în 1968, a încercat să se sinucidă, decizie de la care l-a întors maică-sa. Viața lui a ajuns un dezastru.

Best n-a avut parte de aceeași poveste ca Dave Mustaine prin care să se salveze. N-a ajuns un superstar internațional și nici n-a câștigat milioane de dolari. Și totuși, în multe sensuri, a ajuns mai bine decât Mustaine. Într-un interviu din 1994, Best declara: „Sunt mai fericit decât aș fi fost vreodată cu Beatles".

Ce mama naibii?

Best a explicat că excluderea sa din cadrul trupei Beatles a dus în cele din urmă la întâlnirea cu viitoarea sa soție. Apoi i s-au născut cei doi copii. I s-au modificat valorile. A început să-și cântărească viața altfel. Celebritatea și gloria ar fi fost drăguțe, desigur — însă el a decis că pentru el era mai important ce avea deja: o familie mare și iubitoare, un mariaj stabil, o viață simplă. Și-a continuat cariera de percuționist, a concertat în Europa, a înregistrat albume până după anul 2000. Deci ce a pierdut cu adevărat? Doar o tonă de atenție și admirație, pe când ceea ce a câștigat a fost mult mai important pentru el.

Astfel de povești de viață ne arată că unele valori și sisteme de evaluare sunt mai bune decât altele. Unele duc la probleme mai bune, de regulă mai ușor de rezolvat. Altele la probleme mai urâte, de regulă mai greu rezolvat.

Valori de doi bani

Există o serie de valori des întâlnite ce generează probleme cu adevărat urâte — probleme ce abia de mai pot fi rezolvate. Să le trecem rapid în revistă:

1. *Plăcere*. Plăcerea e minunată, dar transformată în valoare după care îți ghidezi viața este oribilă. Întrebați orice dependent de droguri unde l-a dus căutarea plăcerii. Întrebați o adulterină care și-a distrus familia și și-a pierdut copiii dacă plăcerea i-a adus fericirea după care tânjea. Întrebați un bărbat care a mâncat până era să crape dacă plăcerea l-a ajutat să-și rezolve problemele. Plăcerea este un zeu fals. Cercetările arată că oamenii care își concentrează energia pe plăceri superficiale ajung mai anxioși, mai instabili din punct de vedere emoțional și mai deprimați. Plăcerea este cea mai superficială formă de satisfacție existențială, fiind așadar cel mai ușor de obținut și de pierdut.
   Și totuși, ni se vinde plăcere, non-stop. Suntem blocați pe plăcere. O folosim ca să ne amorțim și să ne distragem atenția. Deși necesară în viață (în anumite doze), plăcerea nu este suficientă de una singură.

Plăcerea nu este cauza fericirii, ci mai curând efectul ei. Ea apare în mod natural ca efect secundar atunci când rezolvi celelalte chestiuni (celelalte valori și standarde de măsurare).

2. *Succesul material.* Mulți oameni își măsoară valoarea personală în funcție de câți bani câștigă, ce marcă de mașină conduc sau cât de verde este peluza din fața casei în comparație cu a vecinilor.

   Cercetările au descoperit că, după ce sunt asigurate nevoile fizice de bază (mâncare, adăpost etc.), corelația dintre fericire și succesul lumesc se apropie rapid de zero. Așadar, dacă ești leșinat de foame și trăiești pe străzi în India, zece mii de dolari în plus pe an vor influența masiv fericirea ta. Dar dacă ocupi un loc confortabil în clasa de mijloc a unei țări dezvoltate, zece mii de dolari în plus pe an nu prea vor conta — adică te vei speti degeaba peste program și în weekenduri.

   O altă problemă cu prețuirea exagerată a succesului material o reprezintă riscul de-a trece în plan secund alte valori, precum onestitatea, nonviolența și compasiunea. Oamenii care se definesc nu prin comportamentul lor, ci prin acumularea de simboluri ale statutului nu sunt doar superficiali, ci probabil și niște nenorociți.

3. *A avea întotdeauna dreptate.* Creierele noastre sunt niște mașinării ineficiente. Facem frecvent presupuneri greșite, calculăm eronat

probabilitățile, picăm în capcana erorilor de raționament și luăm decizii în baza toanelor noastre emoționale. Oamenii greșesc cam tot timpul, așa că, dacă trebuie să ai tot timpul dreptate ca să simți că ai o viață de succes — ei bine, îți va fi foarte greu să raționalizezi toate minciunile în favoarea ta.

În realitate, persoanele care își extrag aprecierea de sine din a avea dreptate pe orice subiect ridică o barieră ce-i împiedică să învețe din greșeli. Le lipsește abilitatea de-a privi din alte perspective și de-a empatiza cu ceilalți. Sunt închiși față de informațiile noi și importante. Mult mai util este să-ți asumi ignoranța și faptul că nu știi chiar atât de multe. Așa rămâi neatașat față de credințele superstițioase sau slab documentate și creezi premisele unei dispoziții constante de creștere și învățare.

4. *A rămâne pozitiv*. Mai există și categoria celor ce-și măsoară viața după abilitatea de-a rămâne pozitivi față de aproape orice. Ți-ai pierdut locul de muncă? Minunat! Iată o oportunitate să-ți explorezi pasiunile. Te-a înșelat soțul cu sora ta? Eh, măcar așa afli ce însemni pentru cei din jurul tău. Ți-a murit copilul de cancer de gât? Nu mai trebuie să plătești taxele de colegiu!

„A privi partea însorită a vieții“ e un principiu sănătos, fără doar și poate, dar adevărul este că uneori viața e de rahat, iar lucrul cel mai sănătos pe care-l poți face în momentele urâte este să recunoști asta.

Negarea emoțiilor negative duce la experimentarea unor emoții negative mai profunde și de mai lungă durată, precum și la disfuncție emoțională. Să ai tot timpul o atitudine pozitivă este o formă de evitare, nu o soluție validă la problemele vieții — probleme care, de altfel, dacă ți-ai ales inteligent valorile și sistemul de evaluare, ar trebui să-ți dea forță și să te motiveze.

E destul de simplu: lucrurile pot merge prost, oamenii ne pot supăra, se pot întâmpla accidente. Tot atâtea lucruri ce ne pot face să ne simțim de cacao. Dar e în regulă așa. Emoțiile negative sunt o componentă necesară a sănătății emoționale. A nega negativitatea înseamnă a *perpetua* problemele, nu a le rezolva.

Șmecheria cu emoțiile negative e următoarea — 1) trebuie să le exprimi într-o manieră acceptabilă social și rezonabilă; 2) trebuie să le exprimi în armonie cu valorile tale. Un exemplu simplu: una dintre valorile mele este nonviolența, măsurată după un standard simplu, cum ar fi să nu lovesc pe nimeni; de aceea, când mă înfurii pe cineva, îmi exprim furia, dar am grijă să nu-i ard una peste moacă adversarului meu. O idee cam radicală, știu. Dar problema nu este furia. Furia e naturală; e parte din viață. Ba chiar putem spune că în multe situații este destul de sănătoasă (amintiți-vă că emoțiile sunt doar o formă de feedback).

Vedeți, problema este lovirea oamenilor în figură. Nu furia. Furia este doar mesagerul pumnului. Nu dați vina pe mesager. Dați vina pe pumnul meu (în figura voastră).

Forțându-ne să rămânem pozitivi mereu, negăm realitatea problemelor noastre de viață. Negându-ne problemele, ne răpim șansa de a le rezolva și de a fi fericiți. Problemele conferă sens și rost vieții. A evita problemele înseamnă a duce o existență lipsită de sens (chiar dacă o numim plăcută).

Pe termen lung, vom fi mai fericiți dacă vom alerga la un maraton decât dacă vom mânca o prăjitură cu ciocolată. Creșterea unui copil ne face mai fericiți decât rezolvarea unui joc video. Pornirea unei mici afaceri împreună cu niște prieteni, în condițiile în care abia supraviețuim de la o lună la alta, ne face mai fericiți decât achiziționarea unui computer nou. Aceste activități sunt stresante, obositoare și adesea neplăcute. Presupun înfruntarea problemelor pe bandă rulantă. Dar reprezintă unele dintre momentele cele mai fericite și mai pline de sens dintr-o viață. Implică durere, luptă, ba chiar furie și deznădejde — dar, odată îndeplinite, ni se umezesc ochii când privim în urmă și le povestim nepoților despre ele.

Cum a spus Freud cândva: „Într-o zi, vei privi în urmă și anii de luptă ți se vor părea cei mai frumoși".

Iată de ce valori ca plăcerea, succesul material, a avea întotdeauna dreptate, a rămâne pozitiv sunt niște idealuri neinspirate. Unele dintre cele mai minunate momente dintr-o viață *nu* sunt plăcute, *nu* implică succes, *nu* implică a avea dreptate, *nu* implică a fi pozitiv.

Important este să te bazezi pe valori și standarde sănătoase, pentru că plăcerea și succesul vor veni în mod firesc. Ele sunt efectele secundare ale valorilor bune. Luate separat, sunt doar niște momente superficiale de euforie.

Definirea valorilor bune și proaste

Valorile bune sunt 1) bazate pe realitate; 2) constructive din punct de vedere social și 3) imediate și controlabile.

Valorile proaste sunt 1) iraționale; 2) distructive din punct de vedere social și 3) fără impact imediat și incontrolabile.

Onestitatea este o valoare bună deoarece ai control complet asupra ei, reflectă realitatea și este benefică celorlalți (chiar dacă uneori este neplăcută). Popularitatea, în schimb, este o valoare proastă. Dacă asta e valoarea ta și dacă standardul de măsurare ales presupune să fii cel mai popular personaj de la petrecere, atunci mare parte din ce se întâmplă se află în afara controlului tău: nu poți ști cine va mai veni la petrecere și probabil că pe jumătate dintre cei prezenți nici nu-i vei fi cunoscut înainte de petrecere. În al doilea rând, valoarea/standardul nu se bazează pe realitate: te poți *simți* popular sau nepopular, dar de fapt nu ai nici cel mai mic indiciu despre ce gândesc cu adevărat ceilalți despre tine (notă paralelă: de regulă, persoanele care se tem de ceea ce cred ceilalți despre ele se tem de fapt ca nu cumva toate gândurile urâte pe care le nutresc față de sine să se reflecte în ceilalți).

Câteva exemple de valori bune, sănătoase: onestitatea, inovația, vulnerabilitatea, curajul de-a te apăra, curajul de a-i apăra pe ceilalți, respectul de sine, curiozitatea, caritatea, modestia, creativitatea.

Câteva exemple de valori proaste, nesănătoase: dominarea prin manipulare sau violență, sexul la întâmplare, a te simți bine tot timpul, a fi în centrul atenției tot timpul, a nu fi singur, a fi plăcut de toată lumea, a fi bogat de dragul de-a fi bogat, a sacrifica animale mici unor zei păgâni.

Veți observa că valorile bune, sănătoase vin din interior. Creativitatea sau modestia este ceva ce poate fi experimentat imediat. Pentru a le trăi, trebuie doar să-ți reorientezi mintea în direcția lor. Sunt valori imediate și controlabile, ce te angajează într-un raport cu lumea așa cum este, nu cum ți-ai dori să fie.

Valorile proaste sunt de obicei dependente de evenimente exterioare — să zbori cu avionul particular, să ți se spună tot timpul că ai dreptate, să deții o proprietate în Bahamas, să mănânci tort în timp ce ți-o sug trei stripteuze. Valorile proaste, deși amuzante și plăcute uneori, se află în afara controlului nostru și căile prin care obținem satisfacția sunt adesea distructive social și iraționale.

Valorile sunt o chestiune ce ține de priorități. *Oricine* și-ar dori un tort bun sau o casă în Bahamas. Importante sunt prioritățile. Care sunt valorile pe care le pui pe primul plan și care prin urmare îți influențează cel mai mult deciziile?

În cazul lui Hiroo Onoda, cele mai înalte valori pentru el erau loialitatea și servirea Imperiului Japonez. O valoare care puțea mai rău decât o bucată de sushi uitată la soare, în caz că nu v-ați dat seama citind povestea lui. O valoare ce i-a creat lui Hiroo probleme dintre cele mai urâte — mai precis, a rămas blocat pe o insulă unde a supraviețuit cu gândaci și viermi timp de treizeci de ani. Ah, și s-a simțit obligat să ucidă și civili nevinovați. Așa că, în ciuda faptului că Hiroo se considera un om de succes care și-a trăit viața după niște standarde personale dintre cele mai înalte, cred că suntem cu toții de acord că a dus o viață stupidă — nimeni dintre noi n-ar schimba locul cu el dacă ar avea ocazia și nici nu i-ar lăuda acțiunile.

Dave Mustaine a avut parte de celebritate și glorie, dar nu a reușit să se scape de sentimentul că este un ratat. Din cauză că a adoptat o valoare de doi bani bazată pe comparația arbitrară cu succesul celorlalți. Valoarea în care a ales să creadă l-a pricopsit cu niște probleme îngrozitoare, cum ar fi „Trebuie să mai vând 150 de milioane de albume și *abia apoi* totul va fi bine în viața mea“ și „Următorul meu turneu va trebui să se desfășoare doar pe stadioane“ — acestea au fost problemele pe care și-a imaginat că trebuie să le rezolve pentru a fi fericit. Nu ne miră că nu a fost.

Pete Best, pe de altă parte, a oferit o surpriză de proporții. Deprimat și suferind din cauză că a fost dat afară din trupa Beatles, Best a reușit în timp să-și reprioritizeze valorile și să-și evalueze viața într-o lumină nouă. Asta i-a permis să ajungă un om fericit și sănătos, cu o viață ușoară și o familie minunată — lucruri pe care, ironic, cei de la Beatles s-au chinuit zeci de ani să le obțină sau să le păstreze.

Când ne ghidăm după valori proaste — adică cu standarde nepotrivite nouă și celorlalți — nu facem decât să ne pese de lucruri de care n-ar trebui să ne pese, lucruri care de fapt ne fac viața mai urâtă. Alegând valori bune, reușim să ne reorientăm atenția spre lucruri mai bune — spre lucruri care contează, care ne aduc bunăstare și generează efecte secundare precum fericire, plăcere și succes.

Pe scurt, asta înseamnă adevărata „dezvoltare personală": prioritizarea unor valori mai bune, selectarea unor lucruri mai bune de care să ne pese. Când îți pasă de lucruri mai adecvate ție, ai parte de probleme mai bune. Iar probleme mai bune înseamnă o viață mai bună.

Restul acestei cărți este dedicată descrierii a cinci valori contraintuitive despre care eu cred că sunt cele mai benefice. Toate cele cinci valori se înscriu în mecanismul „legii inverse", despre care am discutat anterior, în sensul că sunt „negative". Toate presupun *confruntarea* unor probleme profunde, nu evitarea lor cu ajutorul momentelor de euforie. Aceste cinci valori sunt deopotrivă neconvenționale și inconfortabile. Dar, pentru mine, sunt cu adevărat revelatorii.

Prima, pe care o vom analiza în următorul capitol, este o formă radicală de responsabilitate: a-ți asuma responsabilitatea pentru orice ți se întâmplă în viață, indiferent din vina cui. Cea de-a doua este nesiguranța: conștientizarea propriei ignoranțe și cultivarea îndoielii constante în privința propriilor credințe. Următoarea este eșecul: disponibilitatea de-a descoperi propriile defecte și greșeli, astfel încât acestea să poată fi ulterior îndreptate. A patra este respingerea: capacitatea de-a spune și de-a auzi un nu, prin care un om definește clar ce este dispus să accepte și ce nu este dispus să accepte în viața lui. Ultima valoare este contemplarea propriei dispariții. Este esențială, întrucât atenția sporită față de propria moarte este poate singurul lucru capabil să mențină toate celelalte valori într-o perspectivă corespunzătoare.

Capitolul 5
Tu alegi întotdeauna

Imaginați-vă că vă pune cineva pistolul la tâmplă, amenințându-vă cu moartea, pe voi și familiile voastre, dacă nu alergați 42 de kilometri în mai puțin de cinci ore.

Cam nasol.

Acum imaginați-vă că v-ați cumpărat niște pantofi frumoși de sport și echipament de alergare, v-ați antrenat riguros timp de câteva luni pentru primul vostru maraton, pe care l-ați dus la capăt în aplauzele familiei și prietenilor apropiați.

Probabil unul dintre cele mai memorabile momente din viața voastră.

Tot 42 de kilometri. Exact aceeași persoană. Exact aceeași durere traversând aceleași pulpe. Dar când ai ales liber și te-ai pregătit, a fost un eveniment glorios, un reper al vieții tale. Când ți-a fost impus, când ai fost obligat să o faci, a fost una dintre cele mai terifiante și mai dureroase experiențe din viața ta.

Uneori, singurul lucru ce face diferența între o problemă dureroasă și una importantă este sentimentul *alegerii* și al responsabilității personale.

Atunci când ești nefericit într-o situație, există mari șanse să fii așa deoarece simți că parte din situație nu se află sub controlul tău — că există o problemă pe care nu o poți rezolva, o problemă lansată asupra ta fără consimțământul tău.

Sentimentul că ne-am ales singuri problemele ne face să ne simțim mai puternici. Când simțim că problemele noastre au fost băgate cu forța în viața noastră, ne simțim victimizați și nefericiți.

Alegerea

William James a avut probleme. Probleme foarte serioase.

S-a născut într-o familie înstărită, însă a avut probleme de sănătate foarte grave chiar de la naștere: o problemă la ochi l-a lăsat temporar orb în copilărie; o afecțiune a stomacului i-a produs vomă excesivă, obligându-l să adopte un regim alimentar ciudat și extrem de riguros; a avut probleme cu auzul; dureri de spate atât de puternice că uneori nu se putea ridica în picioare zile întregi.

Din cauza acestor probleme de sănătate, James și-a petrecut majoritatea timpului acasă. Prieteni prea mulți nu avea și nici la școală nu era deosebit de strălucit. Își petrecea zilele pictând. Era singura îndeletnicire care îi plăcea și la care simțea că se pricepe.

Însă, din nefericire, era singurul care credea că se pricepe la pictură. La maturitate, nu i-a cumpărat nimeni lucrările. Pe măsură ce treceau anii, tatăl său (un prosper om de afaceri) a început să-l ridiculizeze pentru lenea și lipsa lui de talent.

Între timp, fratele său mai mic, Henry James, a ajuns un romancier faimos în toată lumea, iar sora lui, Alice James, s-a descurcat onorabil tot ca scriitoare. William era ciudatul familiei, oaia neagră.

Tatăl său, într-o încercare disperată de a-i salva viitorul, și-a folosit relațiile pentru a-l înscrie la Harvard Medical School. Era ultima lui șansă, l-a înștiințat tatăl pe fiu. Dacă o dădea în bară și acum, chiar nu mai avea nicio speranță.

Dar James nu s-a simțit liniștit sau confortabil nici la Harvard. Medicina nu-l atrăsese niciodată. Cât a stat acolo, s-a simțit un șarlatan. În definitiv, dacă el nu era capabil să se descurce cu propriile probleme, cum își imagina că va fi într-o zi capabil să-i ajute pe alții? Într-o zi, după o vizită la secția de psihiatrie, James nota meditativ în jurnal că simte că are mai multe în comun cu pacienții decât cu medicii.

După câțiva ani, spre nemulțumirea tatălui său, James a părăsit școala medicală. Dar în loc să înfrunte furia tatălui său, a decis să plece departe: s-a înscris voluntar într-o expediție antropologică în pădurea tropicală amazoniană.

Vorbim de anii 1860, când călătoria transcontinentală era dificilă și periculoasă. Dacă ați jucat vreodată în copilărie jocul video *Oregon Trail*, să știți că seamănă destul de bine, incluzând dizenteria, boii înecați și toate celelalte.

Oricum, James a ajuns până la Amazon, unde începea adevărata aventură. Surprinzător, dar sănătatea lui fragilă l-a susținut pe tot parcursul drumului. Însă, odată ajuns la destinație, s-a îmbolnăvit rapid de variolă și aproape că și-a găsit sfârșitul în junglă.

Apoi au revenit durerile de spate, atât de intense, că abia se putea deplasa. A ajuns piele și os din cauza variolei, imobilizat din pricina spatelui, lăsat singur în mijlocul Americii de Sud (restul expediției a continuat fără el), fără să știe cum să ajungă acasă — oricum, o călătorie care ar fi durat luni de zile și probabil i-ar fi adus sfârșitul.

Dar cumva a reușit să se întoarcă în New England, unde a fost întâmpinat de un tată (și mai) dezamăgit. Tânărul nici nu mai era de-acum atât de tânăr — avea aproape treizeci de ani, tot nu avea o meserie, eșuase în orice își propusese, trupul lui îl trăda tot timpul și nu părea că va fi vreodată mai bine. Situația era dezastruoasă, în pofida avantajelor și oportunităților oferite de viață. Singurele constante ale vieții sale păreau a fi suferința și dezamăgirea. James s-a prăbușit într-o depresie severă și a început să aibă tendințe suicidare.

Dar, într-o noapte, în timp ce citea lucrările filosofului Charles Peirce, James s-a hotărât să facă un mic experiment. A notat în jurnal că urma să petreacă un an considerând că este 100% responsabil pentru tot ce se întâmplă în viața lui, indiferent ce. În perioada asta urma să facă orice îi stătea în putere pentru a-și schimba viața, indiferent de cât de probabil ar fi părut eșecul. Dacă într-un an nu se îmbunătățea nimic, atunci era limpede că nu avea nicio putere asupra vieții lui, pe care ar fi fost mai bine să o încheie.

Concluzia? William James a devenit părintele psihologiei americane. Lucrările lui au fost traduse în toate limbile pământului, fiind considerat unul dintre cei mai influenți intelectuali/filosofi/psihologi ai generației lui. A ajuns să predea la Harvard și să țină conferințe pe tot cuprinsul Statelor Unite și în Europa. S-a căsătorit și a făcut cinci copii (unul dintre ei, Henry, a ajuns un biograf celebru, laureat al Premiului Pulitzer). James s-a referit la experimentul său ca la o „renaștere“, atribuindu-i *tot* ceea ce a reușit ulterior în viață.

Există un lucru simplu din care izvorăște toată dezvoltarea noastră personală. Conștientizarea faptului că fiecare dintre noi este responsabil pentru tot ce se întâmplă în viața lui, indiferent care sunt circumstanțele exterioare.

Noi nu putem controla întotdeauna ce se întâmplă în viața noastră. Dar putem controla *întotdeauna* modul în care interpretăm ce ni se întâmplă și modul în care alegem să reacționăm la ceea ce ni se întâmplă.

Conștienți sau nu, noi suntem întotdeauna responsabili pentru experiențele noastre. Este imposibil să nu fim. A alege să *nu* interpretăm conștient evenimentele vieții noastre este tot o modalitate de interpretare a evenimentelor vieții noastre. A alege să *nu* reacționăm la evenimentele din viața noastră este tot un răspuns. Și dacă te calcă un nebun cu mașina sau se răstoarnă peste tine un autobuz plin de copii de școală primară, este tot *responsabilitatea ta* să interpretezi sensul acestor întâmplări și să alegi un răspuns.

Ne place sau nu, noi jucăm *întotdeauna* un rol activ în ce se întâmplă în viața noastră și cu noi, în general. Interpretăm întotdeauna sensul tuturor momentelor și evenimentelor vieții. Alegem întotdeauna valorile după care ne trăim viața și standardele după care evaluăm tot ce ni se întâmplă. De multe ori, același eveniment poate fi și bun, și rău, în funcție de felul în care alegem să-l evaluăm.

Ideea e că alegem *întotdeauna*, chiar dacă suntem sau nu conștienți. Întotdeauna.

În realitate, revenim la ideea că în viață nu se poate să nu-ți pese de absolut nimic. Este imposibil. De ceva tot trebuie să ne pese. A nu-ți păsa de *nimic* înseamnă totuși a-ți păsa de *ceva*.

Adevărata întrebare este: Care sunt lucrurile de care alegem să ne pese? Care sunt valorile în baza cărora alegem să acționăm? Care sunt standardele după care alegem să ne evaluăm viața? Sunt alegerile noastre *bune* — valori și standarde bune?

Responsabilitatea/Vina falsă

Cu niște ani în urmă, când eram mult mai tânăr și necopt, am publicat o postare pe blog care se încheia cu ceva de genul „Cum a spus un mare filosof cândva: «Multă putere înseamnă și multă responsabilitate»“.

Suna bine și autoritar. Nu-mi aminteam cine o spusese, iar căutările pe Google nu m-au ajutat cu nimic, dar am publicat-o oricum. Prea se potrivea.

La vreo zece minute după publicare, a apărut primul comentariu: „Cred că «marele filosof» pe care l-ai citat este Unchiul Ben din *Spider-Man*".

Cum a spus cândva un alt mare filosof: „Pfui!"

„Multă putere înseamnă și multă responsabilitate." Ultimele cuvinte ale Unchiului Ben înainte de-a fi ucis degeaba pe o stradă plină de oameni, de un hoț pe care Peter Parker îl lasă să scape. *Acel* mare filosof.

Totuși, am auzit cu toții acest citat. E repetat peste tot — de regulă la modul ironic și după vreo șapte beri. Este unul dintre citatele acelea perfecte care te fac să pari foarte inteligent, fără a-ți spune nimic nou, chiar dacă nu te-ai mai gândit niciodată la asta.

„Multă putere înseamnă și multă responsabilitate."

E adevărat. Dar există o variantă mai bună, una cu *adevărat* profundă. Trebuie doar să inversăm substantivele: „Multă responsabilitate înseamnă și multă putere".

Cu cât alegem să acceptăm mai multă responsabilitate în viața noastră, cu atât mai multă putere vom avea asupra vieții noastre. Acceptarea responsabilității pentru problemele noastre reprezintă așadar primul pas către rezolvarea lor.

Am cunoscut cândva un tip care era convins că nu-l plac femeile din cauză că e prea scund. Era educat, interesant, arătos — în principiu, o partidă — însă credința lui că-l ocolesc femeile din cauză că e prea scund era de nezdruncinat.

Și, din cauză că *el* se simțea prea scund, nici nu prea se ostenea să iasă din casă și să cunoască femei. În puținele ocazii în care a făcut-o, s-a agățat de cel mai mic detaliu din comportamentul fetei cu care stătea de vorbă pentru a se convinge că respectiva nu-l place, chiar dacă nu era deloc așa. Vă puteți imagina ce viață amoroasă dezastruoasă avea.

Ce nu înțelegea omul nostru era că *el* însuși alesese valoarea care-i făcea rău: înălțimea. Femeile, credea el, sunt atrase doar de înălțime. Așa că, orice ar fi făcut, era un bărbat distrus.

Era neîncrezător în sine tocmai din pricina valorii în care a ales să creadă. O problemă cu adevărat nasoală: nu era suficient de înalt într-o lume croită pentru (credea el) oameni înalți. Ar fi putut să-și aleagă valori mult mai bune după care să se ghideze în viața amoroasă: „Vreau să mă întâlnesc doar cu femei care mă plac pentru ceea ce sunt“ ar fi fost un punct de pornire mult mai bun — un standard ce pune accent pe onestitate și acceptare. Dar el n-a ales aceste valori. Cel mai probabil nici nu era conștient că își *alege* valorile (sau că *poate* să o facă). El era singurul responsabil pentru problemele sale, chiar dacă nu era conștient de asta.

A continuat să se plângă: „Dar nu am de ales!“, i-a spus unui barman. „Nu pot să fac nimic! Femeile sunt orgolioase și superficiale și n-or să mă placă niciodată!“ Sigur, de vină sunt *absolut toate femeile* că un bărbat superficial, care se autocompătimește, este greu de plăcut. Evident.

Mulți oameni ezită să-și asume responsabilitatea pentru problemele lor deoarece au impresia că a fi *responsabil* pentru problemele tale înseamnă a fi *vinovat* pentru ele.

În cultura noastră, responsabilitatea și vina sunt adesea confundate. Dar ele nu sunt unul și același lucru. Dacă dau peste tine cu mașina, sunt și vinovat și, cel mai probabil, responsabil din punct de vedere legal, și trebuie să compensez cumva fapta în fața ta. Și dacă a fost un accident, tot responsabil sunt. Așa funcționează vina în societatea noastră: dacă greșești, trebuie să-ți repari greșeala. Și așa și trebuie să fie.

Dar există și probleme ce *nu apar* din vina noastră, dar care intră în responsabilitatea noastră.

Dacă într-o dimineață găsești un nou-născut pe treptele casei tale, *vina* nu este a ta, dar tu ești *responsabil* pentru viața lui. Tu trebuie să decizi ce e de făcut. Și orice vei alege (să-l păstrezi, să scapi de el, să-l ignori, să-l dai la câini), vor exista probleme care vor apărea în urma deciziei tale — pentru care tot tu vei fi responsabil.

Judecătorii nu-și aleg cazurile. Judecătorul care primește un caz nu este vinovat de infracțiunea judecată, nu a fost martor și nici nu a fost afectat în vreun fel de cele întâmplate, dar este totuși *responsabil*. Judecătorul este cel care decide care sunt consecințele; el sau ea trebuie să identifice standardul după care va fi măsurată infracțiunea și să se asigure că va fi aplicat.

Suntem responsabili pentru întâmplări ce nu se produc întotdeauna din vina noastră. Așa e viața.

Iată o cale prin care putem distinge între cele două concepte. Vina e la timpul trecut. Responsabilitatea este la timpul prezent. Vina este rezultatul unor decizii consumate. Responsabilitatea este rezultatul deciziilor din prezent, din fiecare clipă. Tu alegi să citești asta. Tu alegi să reflectezi asupra conceptelor. Poate faptul că ideile mele ți se par lipsite de substanță este vina *mea*, dar responsabilitatea concluziilor pe care le tragi de aici *îți* aparține. Nu este *vina* ta că eu am decis să scriu propoziția asta, dar tu ești responsabil dacă alegi (sau nu) să o citești.

Una e să acuzi pe cineva pentru situația în care te afli și cu totul altceva să spui că persoana respectivă este responsabilă pentru situația ta. Nimeni nu este niciodată responsabil pentru situația în care te afli. Poate că mulți oameni pot fi vinovați pentru nefericirea ta, dar nimeni în afară de tine nu este *responsabil* de faptul că ești nefericit. Pentru că *tu* alegi întotdeauna cum vezi lucrurile, cum reacționezi la ele și ce preț pui pe ele. Tu alegi standardul după care îți evaluezi experiențele.

Prima mea iubită m-a părăsit foarte spectaculos. Mă înșela cu profesorul ei. A fost minunat. Și când spun minunat, vreau să spun că am simțit că primesc 253 de pumni în stomac. Mai rău, când am deschis fățiș subiectul, ea m-a părăsit imediat pentru el. Trei ani împreună aruncați într-o clipită pe apa sâmbetei.

Luni în șir după asta m-am simțit nefericit. Cum era de așteptat. Și am considerat că ea este responsabilă pentru nefericirea mea. Chestie care, credeți-mă pe cuvânt, nu m-a dus prea departe. Doar m-a făcut să mă simt și mai nefericit.

Vedeți, nu o puteam controla. Indiferent de câte ori am sunat-o, de câte ori am țipat la ea, am implorat-o să se împace cu mine, de câte ori i-am făcut vizite surpriză și alte chestii ciudate și iraționale de fost iubit, emoțiile și acțiunile nu i le-am putut controla. În cele din urmă, ea era *vinovată* pentru nefericirea mea, dar nu a fost nicio clipă *responsabilă* pentru ce simțeam eu. Eu eram cel responsabil.

La un moment dat, după valuri de lacrimi și alcool, am început să gândesc diferit și am înțeles că, deși ea făcuse ceva oribil pentru care purta toată vina, numai eu puteam fi responsabil pentru redobândirea fericirii mele. Ea nu avea să apară din senin și să repare lucrurile. Cel care trebuia să le repare eram eu.

Adoptând această abordare, s-au întâmplat câteva lucruri. Mai întâi, am început să-mi schimb obiceiurile. Am început să fac mișcare fizică și să petrec mai mult timp cu prietenii (pe care îi ignorasem). Am început să cunosc intenționat alți oameni. Am plecat într-o călătorie lungă de studii în afara granițelor și m-am înscris în programe de voluntariat. Și, treptat, am început să mă simt mai bine.

(Apropo, probabil că iubita m-a părăsit parțial și din cauza acestei mentalități în care ea era

„responsabilă pentru emoțiile mele". Mai multe despre asta peste două capitole.)

Apoi, după aproximativ un an, a început să se întâmple ceva amuzant. Privind retrospectiv la relația noastră, am început să observ probleme pe care nu le sesizasem, probleme pentru care *Eu* eram vinovat și pe care *Eu* le-aș fi putut rezolva. Am înțeles că nu fusesem un iubit chiar așa grozav și că oamenii nu-și înșală pur și simplu partenerii dacă nu sunt nefericiți dintr-un motiv sau altul.

Nu spun că asta scuză ce a făcut ea — deloc. Dar recunoașterea propriilor greșeli m-a ajutat să înțeleg că poate nu fusesem o victimă inocentă, așa cum crezusem. Că jucasem și eu un rol activ în perpetuarea acelei relații nefericite. În definitiv, oamenii care formează un cuplu tind să aibă aceleași valori. Dacă eu am fost atât de mult timp cu cineva cu valori atât de defecte, ce spune asta despre mine și valorile mele? Am învățat, cu greu, că dacă cei cu care intri în relații sunt egoiști și te rănesc, atunci probabil și tu ești tot așa, doar că nu conștientizezi asta.

Retrospectiv, am reușit să observ semnale ale caracterului fostei mele iubite, indicii pe care am ales să le ignor sau să le trec cu vederea la vremea în care eram împreună. *Asta* a fost vina mea. Privind în urmă, am văzut că nici eu nu fusesem tocmai Iubitul Anului pentru ea. De fapt, fusesem chiar rece și arogant de multe ori; alteori mă comportasem de parcă prezența ei în viața mea era o garanție, îi ignorasem opiniile și o rănisem. *Aceste* lucruri sunt tot vina mea.

Greşelile mele justifică greşelile ei? Nu. Dar chiar şi aşa, mi-am asumat responsabilitatea de-a nu mai face niciodată aceleaşi greşeli şi de-a nu mai ignora niciodată semnele, pentru a mă asigura că nu o să mai suport niciodată aceleaşi consecinţe. Mi-am asumat responsabilitatea de-a mă strădui să-mi îmbunătăţesc relaţiile cu femeile din acest punct de vedere. Şi azi pot spune bucuros că am reuşit. N-am mai fost părăsit de iubite infidele, n-am mai trecut prin plăcerea de a lua 253 de pumni în stomac. Mi-am asumat responsabilitatea problemelor mele şi am lucrat asupra lor. Mi-am asumat responsabilitatea rolului meu în acea relaţie nesănătoasă şi am schimbat lucrurile în bine pentru viitoarele relaţii.

Şi ştiţi ce? Să fiu părăsit de fosta mea iubită a fost una dintre cele mai dureroase experienţe, dar şi una dintre experienţele cele mai importante şi mai de impact din viaţa mea. Mi-a inspirat o etapă de semnificativă dezvoltare personală. Am învăţat mai mult dintr-o singură problemă decât din zeci de succese la un loc.

Tuturor ne place să ne asumăm responsabilitatea pentru succes şi fericire. Ba mai mult, adesea *disputăm* responsabilitatea pentru fericire şi succes. Dar mult mai importantă este asumarea responsabilităţii pentru problemele noastre, deoarece de acolo învăţăm cu adevărat. Acolo se produce adevărata evoluţie. Când dai vina pe ceilalţi, doar îţi faci rău.

Răspunsul la tragedie

Dar ce putem spune despre întâmplările cu adevărat groaznice? Cei mai mulți dintre noi sunt dispuși să-și asume responsabilitatea când vine vorba despre probleme profesionale sau când se uită prea mult la televizor în loc să se joace cu copiii sau să fie mai productivi. Dar când vorbim de tragedii cu adevărat oribile, trag semnalul de alarmă și coboară din tren la prima. Unele lucruri sunt prea dureroase pentru a ne asuma responsabilitatea pentru ele.

Totuși, să ne gândim: intensitatea unui eveniment nu modifică adevărul acestuia. Când ești tâlhărit, de pildă, e limpede că nu e vina ta. Nu s-ar supune nimeni de bunăvoie unei asemenea întâmplări. Dar în exemplul cu copilașul abandonat pe scări, ești imediat responsabil într-o situație de viață și de moarte. Iei măsuri? Intri în panică? Te blochezi? Anunți poliția? Încerci să uiți și să te prefaci că nu s-a întâmplat? Tot atâtea decizii și reacții pentru care ești responsabil. Nu a fost decizia ta să fii jefuit, dar este responsabilitatea ta să te descurci cu consecințele emoționale și psihologice (și legale) ale acestei experiențe.

În 2008, talibanii au preluat controlul Swat Valley, o zonă izolată din nord-estul Pakistanului. Acolo au aplicat rapid regulile lor musulmane extreme. Au interzis televizorul. Filmele. Au interzis femeilor să iasă neînsoțite de bărbați pe stradă. Au interzis fetelor să meargă la școală.

În 2009, o elevă de unsprezece ani, pe nume Malala Yousafzai, a început să protesteze față de interdicția de a merge la școală. A continuat să meargă la școală, punându-și astfel în pericol propria viață, cât și pe cea a tatălui ei. În plus, a participat și la conferințele susținute în orașele vecine. A scris pe internet: „Cum îndrăznesc talibanii să-mi interzică dreptul la educație?"

În 2012, când avea paisprezece ani, a fost împușcată în față în timp ce se întorcea cu un autobuz acasă. Un taliban mascat, înarmat cu o pușcă, a intrat în autobuz și a întrebat: „Cine este Malala? Spuneți-mi, altfel omor pe toată lumea". Malala s-a legitimat (o decizie excepțională în sine), iar bărbatul a împușcat-o în cap sub ochii tuturor.

Malala a intrat în comă și a fost la un pas de moarte. Talibanii au declarat public că, în caz că supraviețuiește, o vor ucide, și pe ea, și pe tatăl ei.

Malala trăiește și azi. Vorbește în continuare despre violența și opresiunea asupra femeilor din țările musulmane, de data asta din postura unui autor de bestseller. În 2014, a primit Premiul Nobel pentru Pace pentru eforturile ei. Se pare că glonțul primit în plină figură n-a făcut decât să-i sporească audiența și să o facă mai curajoasă. Cât de simplu ar fi fost să se resemneze și să spună „Nu pot să fac nimic" sau „Nu am nicio alternativă". În mod ironic, asta ar fi fost tot opțiunea ei. Dar ea a ales opusul.

Acum câțiva ani, am publicat pe blogul meu câteva idei din capitolul de față, iar un bărbat a lăsat un comentariu. Îmi spunea că sunt ignorant și superficial, adăugând că nu înțeleg cu adevărat problemele vieții sau ce înseamnă să fii responsabil. Mai spunea că fiul său murise recent într-un accident de circulație. Mă acuza că nu înțeleg ce înseamnă durerea adevărată și că sunt un nemernic dacă sugerez că el este responsabil pentru durerea pe care o simte în urma decesului fiului său.

Într-adevăr, bărbatul acela avusese parte de mult mai multă suferință decât majoritatea oamenilor. Moartea fiului său nu fusese decizia lui, cum nu era nici vina lui că se întâmplase această tragedie. Se trezise pur și simplu cu responsabilitatea, evident și de înțeles nedorită, adaptării la această pierdere. Însă, în ciuda acestei situații, era totuși responsabil pentru emoțiile, credințele și acțiunile sale. Maniera în care reacționa la moartea fiului său era decizia lui. Durerea de un fel sau altul este inevitabilă pentru noi toți, dar fiecare are șansa de-a alege ce înseamnă suferința pentru el. Simplul fapt de-a susține că *nu* a avut de ales și că pur și simplu își voia fiul înapoi era tot o decizie — doar o cale dintre multele în care putea alege să folosească acea suferință.

Nu i-am spus nimic din toate acestea, desigur. Eram mult prea îngrozit și mă gândeam că, da, probabil că subiectul mă depășea cu mult și n-aveam habar despre ce vorbesc. Este unul dintre riscurile meseriei mele. O problemă pe care am ales-o de bunăvoie. Și pentru care sunt responsabil.

Inițial, m-am simțit oribil. Dar apoi, după câteva minute, am început să mă înfurii. Obiecțiile lui aveau prea puțin de-a face cu ce spuneam eu de fapt, mi-am zis. Ce naiba? Doar pentru că nu mi-a murit un copil nu înseamnă că n-am cunoscut la rândul meu suferința groaznică.

Dar am ales să aplic propriul sfat. Eu aleg problema. Aș fi putut să mă enervez și să mă cert cu el, să încerc să-l „depășesc" în suferință cu propria mea suferință, ceea ce ne-ar fi făcut pe amândoi să părem stupizi și insensibili. Sau puteam să aleg o soluție mai bună, cum ar fi să-mi exersez răbdarea, să-mi înțeleg mai bine cititorii și să mă gândesc la bărbatul acesta de fiecare dată când mai scriam despre durere și traumă. Am ales această variantă.

I-am răspuns doar că îmi pare rău pentru pierderea lui. Atât. Ce altceva se poate spune?

Genetica și bagajul cu care ne naștem

În 2013, BBC a adunat șase adolescenți diagnosticați cu tulburare obsesiv-compulsivă (TOC) și i-a urmărit în procesul de terapie intensivă prin care erau ajutați să-și depășească gândurile nedorite și comportamentele repetitive.

Imogen, o fată de șaptesprezece ani, simțea o nevoie compulsivă de a lovi ușor toate suprafețele pe care călca; dacă nu făcea asta, era invadată de gânduri oribile despre moartea familiei sale. Josh simțea nevoia de-a face totul cu ambele părți ale corpului — să dea mâna cu ambele palme, să mănânce cu ambele mâini, să treacă un prag cu ambele picioare și așa mai departe. Dacă nu își „egaliza" cele două părți ale corpului, suferea atacuri de panică severe. Și, în fine, Jack, obsedat de microbi, care refuza să iasă din casă fără mănuși, fierbea apa înainte să o bea și refuza să mănânce orice nu era curățat și preparat de el însuși.

TOC este o tulburare neurologică și genetică cumplită ce nu poate fi vindecată. În cel mai fericit caz, pacientul învață să trăiască cu ea. Dar asta, cum vom vedea imediat, presupune adaptarea valorilor personale.

Primul lucru pe care psihiatrii din cadrul proiectului l-au spus tinerilor a fost că trebuie să accepte imperfecțiunile dorințelor lor compulsive. Concret, într-unul din exemple, Imogen trebuia să încerce să accepte posibilitatea ca familia ei să moară în condiții cumplite fără ca ea să poată face ceva în acest sens; mai simplu spus, trebuia să accepte că ce i se întâmplă nu este vina ei. Lui Josh i s-a cerut să accepte că pe termen lung „egalizarea" tuturor acțiunilor sale îi distruge viața mai mult decât o pot face atacurile de panică ce apar din când în când. Iar lui Jack i s-a reamintit că, indiferent ce ar face, microbi există peste tot și este imposibil să se apere de infecțiile pe care le pot produce.

Scopul era acela de a-i face pe copii să înțeleagă că valorile lor nu sunt raționale — că, în realitate, valorile nici nu sunt alese de ei, ci impuse de tulburare — și că, dacă se ghidează după aceste valori iraționale, asta îi va împiedica să funcționeze normal.

În etapa următoare, adolescenții erau încurajați să identifice o valoare mai importantă decât cea implicată în TOC asupra căreia să se concentreze. În cazul lui Josh, asta însemna posibilitatea de-a nu-și ascunde permanent tulburarea față de prietenii și familia sa, perspectiva unei vieți sociale normale, funcționale. Pentru Imogen, era ideea de-a prelua controlul asupra gândurilor și emoțiilor sale și de-a fi din nou fericită. Pentru Jack, era abilitatea de-a ieși din casă perioade mai lungi de timp fără a experimenta episoade traumatizante.

Cu noile valori în minte, adolescenții au început niște exerciții intense de desensibilizare care îi forțau să trăiască în acord cu noile valori. Au urmat atacuri de panică, lacrimi; Jack lovea tot felul de obiecte, după care se spăla imediat pe mâini. Dar până la finalul proiectului, au fost înregistrate progrese majore. Imogen nu mai simțea nevoia să lovească ușor toate suprafețele pe care călca. „Încă mai există niște monștri undeva în adâncul minții mele și probabil că vor exista întotdeauna, dar sunt tot mai tăcuți de-acum“, spunea ea. Josh era capabil să petreacă douăzeci și cinci sau chiar treizeci de minute fără să „egalizeze“ comportamentul celor două părți ale corpului. Iar Jack, care a înregistrat probabil cele mai mari progrese, reușea acum să iasă la restaurant și să bea din sticle și pahare fără să le spele mai întâi. Jack a și rezumat foarte bine ce a învățat: „Nu am ales eu viața asta; nu am ales eu această tulburare absolut îngrozitoare. Dar pot să aleg cum trăiesc cu ea; *trebuie* să aleg cum să trăiesc cu ea".

Mulți dintre oamenii născuți cu un defect, că vorbim de TOC, nanism sau orice altceva, simt că le-a fost interzis accesul la ceva foarte valoros. Simt că nu pot face absolut nimic în privința asta, așa că evită să-și asume responsabilitatea situației în care se află. „Nu eu mi-am ales genele astea de tot rahatul, așa că nu e vina mea că lucrurile merg aiurea", spun ei.

Și e adevărat că nu e vina lor.

Dar asta nu înseamnă că nu e responsabilitatea lor.

În timpul colegiului, am avut o fantezie un pic absurdă cum că aș putea deveni jucător profesionist de poker. Am câștigat bani și chestii și m-am distrat, dar după aproape un an de jucat serios, m-am lăsat. Un stil de viață ce presupune să stai treaz toată noaptea, cu ochii în computer, să câștigi mii de dolari pe care să-i pierzi a doua zi, nici nu mi se potrivea și nu mi s-a părut nici cea mai sănătoasă sau stabilă din punct de vedere emoțional metodă de a-mi câștiga existența. Dar perioada în care am jucat poker a avut o influență surprinzător de profundă asupra vizunii mele despre viață.

Frumusețea pokerului e că, deși este un joc de noroc, rezultatele pe termen lung nu țin de noroc. Un jucător care a prins o mână proastă de cărți poate să-l bată pe unul cu cărți extraordinare. Sigur, cele mai multe șanse le are cel cu cărți bune, dar victoria finală este determinată de — da, ați ghicit — *deciziile* pe care le ia fiecare jucător pe parcursul partidei.

Eu așa văd și viața. Primim o mână de cărți. Unii primesc cărți mai bune, alții mai slabe. Să ne agățăm de cărțile primite și de sentimentul că am fost trași pe sfoară e ușor, însă jocul adevărat stă în deciziile pe care le luăm plecând de la cărțile din mâna noastră, riscurile pe care ni le asumăm și consecințele cu care alegem să trăim. Oamenii care iau în mod constant cele mai bune decizii în situația în care se află sunt cei care riscă, și în partidele de poker, și în viață. Și nu e vorba neapărat de cei care au primit cele mai bune cărți.

Există oameni care suferă psihic și emoțional din cauza unor deficiențe neurologice și/sau genetice. Dar asta nu schimbă cu nimic situația. Sigur, ei au moștenit cărți slabe și nu au nicio vină pentru asta. Așa cum bărbatul scund care își dorea să iasă în oraș cu o fată nu avea nicio vină că este scund. Sau cum victima unei tâlhării nu are nicio vină că este tâlhărită. Însă responsabilitatea este a lor. Aleg să solicite ajutor psihiatric, să meargă la terapie sau să nu facă nimic, decizia le aparține lor în cele din urmă. Există oameni traumatizați de copilării nefericite. Există oameni abuzați, violați, înșelați fizic, emoțional, financiar. Nu poartă vina problemelor și dificultăților lor, dar sunt totuși responsabili — *întotdeauna* — să meargă înainte în ciuda problemelor cu care se confruntă și să ia cele mai bune decizii de care sunt capabili în situațiile în care se află.

Să fim onești. Dacă ar fi să-i adunăm pe *toți* oamenii care suferă de tulburări psihice, care se luptă cu depresia sau cu gândurile suicidare, au fost neglijați sau abuzați, au trecut printr-o tragedie sau au pierdut pe cineva drag, au supraviețuit unor probleme de sănătate grave, unor accidente sau traume — dacă ar fi să-i aduni pe *toți acești oameni* la un loc, probabil că asta ar însemna întreaga planetă, deoarece în viață nu scapă nimeni fără câteva cicatrici.

Sigur, unii au de-a face cu probleme mai grave decât alții. Iar unii oameni sunt cu adevărat victime în împrejurări îngrozitoare. Oricât ne-ar deranja sau ne-ar tulbura lucrul acesta, ecuația responsabilității individuale nu se schimbă cu nimic.

Moda victimizării

Confuzia dintre responsabilitate și vină le permite oamenilor să-și paseze unii altora responsabilitatea rezolvării propriilor probleme. Această abilitate de-a evita responsabilitatea prin învinovățirea celorlalți este și o modalitate de a trăi momente de euforie și sentimentul că totul li se cuvine.

Din nefericire, unul dintre efectele secundare ale internetului și rețelelor sociale este înlesnirea ca niciodată a acestei posibilități de pasare a responsabilității — fie și parțial — spre alte grupuri și persoane. Mai mult, acest tip de joc vină/rușine a devenit foarte popular; în unele cercuri este considerat chiar „cool". Expunerea publică a „injustiției" atrage mult mai multă atenție și răspuns emoțional decât restul evenimentelor din cadrul rețelelor sociale, recompensând persoanele dispuse să se simtă mereu victime cu cantități tot mai mari de atenție și simpatie.

„Moda victimizării" e foarte populară atât la dreapta, cât și la stânga spectrului social contemporan, atât printre bogați, cât și printre săraci. S-ar putea să trăim primul moment istoric în care fiecare grup demografic se simte simultan victimizat pe nedrept. Și toată lumea e indignată și face pe victima.

În momentul acesta, *oricine* se simte ofensat de *ceva* — că vorbim de introducerea unei cărți despre rasism în bibliografia unui curs universitar, despre interzicerea comercializării brazilor de Crăciun într-un mall sau despre faptul că au crescut cu jumătate de procent taxele la fondurile de investiții — oricine simte că a fost oprimat într-un fel sau altul, fiind deci îndreptățit să se indigneze și să primească o oarecare atenție.

Mass-media încurajează și perpetuează acest tip de reacție deoarece, în definitiv, este benefic afacerilor. Scriitorul și analistul media Ryan Holiday numește asta „pornografia indignării": în loc să exprime poveștile și problemele reale, presa consideră că este mai ușor (și mai profitabil) să identifice evenimente ușor ofensatoare pe care să le distribuie audienței generale pentru a provoca indignare, după care redistribuie reacțiile de indignare ale unui segment de populație într-o manieră care va provoca indignare unui alt segment de populație. Acest mecanism provoacă un fel de ecou al aberațiilor între două facțiuni imaginare, distrăgând atenția generală de la problemele reale ale societății. Nu e de mirare că, din punct de vedere politic, suntem mai divizați ca niciodată.

Cea mai mare problemă legată de moda victimizării e că distrage atenția de la *adevăratele* victime. Ca în povestea băiatului care striga că vine lupul. Cu cât e mai mare numărul celor care susțin că sunt victimele unor ofense minore, cu atât ne este mai greu să distingem adevăratele victime.

Oamenii dezvoltă dependență pentru sentimentul de ofensare deoarece le oferă un moment de euforie; te simți *bine* când ai dreptate și ești tot timpul superior din punct de vedere moral. Cum spunea Tim Kreider, caricaturist politic, în rubrica sa din *New York Times*: „Indignarea e la fel ca orice lucru care ne face plăcere, dar pe termen lung ne roade din interior. Ba e chiar mai perfidă decât alte vicii, întrucât nu conștientizăm că ne face plăcere".

În democrație și societatea liberă se întâmplă să avem de-a face și cu oameni care nu ne plac neapărat. E pur și simplu un preț pe care trebuie să-l plătim — ba putem spune chiar că e ideea pe care se bazează acest sistem. Dar se pare că tot mai mulți oameni uită asta.

Trebuie să ne alegem cu grijă luptele, încercând totodată să empatizăm puțin cu cei pe care îi numim dușmani. Ar trebui să abordăm știrile și presa cu o doză sănătoasă de scepticism și să evităm să-i etichetăm pe cei cu care nu suntem de acord. Ar trebui să punem accentul pe valori precum onestitatea, încurajarea transparenței și a îndoielii înaintea unor valori precum a avea tot timpul dreptate, a ne simți bine și a ne răzbuna. Aceste valori „democratice" sunt mai greu de păstrat în vacarmul lumii în care trăim. Dar chiar și-așa, trebuie să ne asumăm responsabilitatea și să le cultivăm. De asta s-ar putea să depindă chiar viitoarea noastră stabilitate politică.

Nu există „cum"

Mulți dintre cei care citesc asta s-ar putea să spună „Bine, dar cum?". Înțeleg că mă ghidez după valori de tot rahatul, că evit responsabilitatea pentru problemele mele și că sunt un mic nenorocit care crede că lumea ar trebui să se învârtă în jurul meu și al micilor mele neplăceri — dar *cum* să mă schimb?

Iar la asta eu răspund, folosind cea mai bună mimică a lui Yoda* cu putință, în felul următor: „Faci sau nu faci; nu există «cum»".

Deja alegi, în fiecare minut al zilei, de ce vrei să-ți pese, așadar, schimbare înseamnă pur și simplu să alegi alte lucruri de care să-ți pese.

Chiar *atât* de simplu este. Doar că nu e ușor.

Nu e ușor fiindcă la început te vei simți un ratat, un escroc, un tontălău. Te vei enerva. Îți vei ieși din fire.

---

* Personajul înțeleptului din saga *Star Wars*.

Te vei stropși la soția ta, la prieteni sau la tatăl tău în timpul acestui proces. Efecte secundare ale schimbării valorilor, ale schimbării lucrurilor de care îți pasă. Sunt inevitabile.

Este simplu, dar foarte, foarte greu.

Să analizăm o parte din efectele secundare. Te vei simți nesigur; îți garantez asta. „Oare chiar trebuie să renunț la asta? Fac bine ce fac?" Când renunți la o valoare de care ai depins ani în șir, te simți dezorientat, ca și cum n-ai mai ști ce e rău și ce e bine. E greu, dar așa e normal să fie.

Mai departe, te vei simți un ratat. Jumătate din viață te-ai evaluat după standardul vechi, așa că, atunci când vei schimba prioritățile, standardul și nu te vei mai comporta cum o făceai, nu vei mai găsi metoda ta veche și sigură de evaluare și asta te va face să te simți un păcălici, un nimeni. Și asta e normal, chiar dacă neplăcut.

Și, desigur, vei avea parte de respingeri. Multe dintre relațiile tale au fost construite în jurul valorilor în care ai crezut, de aceea, în momentul în care schimbi valorile — în momentul în care decizi că studiul este mai important decât petrecerile, că a te căsători și a-ți întemeia o familie este mai important decât să faci sex cu cine ai chef, că a avea un loc de muncă în care crezi este mai important decât banii — schimbarea va avea efecte profunde în viața ta. Nu-ți va fi ușor, dar e normal să se întâmple așa.

Toate acestea sunt efecte secundare necesare, deși dureroase, ale deciziei de a schimba lucrurile de care îți pasă, de a alege unele mult mai importante și în care merită să-ți investești energia. Reevaluarea valorilor va întâmpina rezistențe deopotrivă interne și externe. Mai mult decât orice, te vei simți nesigur și te vei întreba dacă nu cumva e greșit ce faci.

Dar, cum vom vedea în continuare, ăsta e un lucru bun.

Capitolul 6
Te înșeli în toate privințele (și eu la fel)

Acum cinci sute de ani, cartografii credeau despre California că este o insulă. Doctorii credeau că o tăietură pe braț (sau provocarea unei sângerări, în general) poate vindeca boli. Oamenii de știință considerau că focul e rezultatul unei substanțe numite flogistic. Femeile se frecau cu urină de câine pe față crezând că astfel combat efectele îmbătrânirii. Astronomii credeau că Soarele se învârte în jurul Pământului.

Când eram mic, credeam că „mediocru“ e un fel de legumă pe care nu vreau s-o mănânc. Credeam că fratele meu descoperise un pasaj secret în casa bunicii noastre fiindcă mergea la baie și brusc îl vedeam afară din casă (indiciu: în baie exista o fereastră). Când prietenul meu și familia lui călătoreau la „Washington B.C.“, eu eram convins că stăpâneau secretul călătoriei în timp înapoi în epoca dinozaurilor, pentru că, în definitiv, „B.C.“* a fost tare, tare demult.

Ca adolescent, spuneam în stânga și-n dreapta că nu-mi pasă de nimic, când adevărul e că-mi păsa de mult prea multe. Lumea mea era condusă de alți

* B.C. — abreviere de la Before Christ — Înainte de Hristos. (î.Hr.) *(N.red.)*

oameni fără ca eu să-mi dau seama. Credeam că fericirea e un destin, nu o alegere. Credeam că iubirea e ceva ce se întâmplă, nu ceva pentru care muncești. Credeam că a fi „mișto“ e ceva ce înveți de la ceilalți, nu ceva ce-și inventează fiecare pentru sine.

Când am avut prima iubită, credeam că vom fi împreună pentru totdeauna. Apoi, când relația s-a încheiat, nu credeam că voi mai simți vreodată la fel pentru o altă femeie. Apoi, când am simțit la fel pentru o altă femeie, am crezut că uneori dragostea pur și simplu nu este îndeajuns. Apoi, mi-am dat seama că fiecare *decide* ce este „îndeajuns“ pentru el și că iubirea poate fi orice o lăsăm noi să fie.

Mă înșelam de fiecare dată. În toate privințele. M-am înșelat complet de-a lungul vieții în tot ce-am crezut despre mine, despre alții, despre societate, cultură, lume, univers — tot.

Și sper că așa va fi și de-aici încolo.

Așa cum Mark cel de azi se uită la Mark cel de ieri și-i vede toate greșelile, într-o zi Mark cel de mâine se va uita la ideile lui Mark cel de azi (inclusiv la cele scrise în cartea asta) și va sesiza erori similare. Și asta va fi bine. Deoarece va însemna că am crescut.

Există un citat celebru de-al lui Michael Jordan, în care acesta spune cum a dat greș iar, și iar, și iar, și că tocmai de asta a avut succes. Ei bine, și eu mă înșel în legătură cu orice, iar, și iar, și iar, și de asta viața mea evoluează.

Cum evoluăm ca oameni este un nesfârșit proces *repetitiv*. Învățând ceva nou, nu trecem de la „greșit“ la

„corect". Ci mai degrabă de la greșit la ceva mai puțin greșit. Învățând, trecem de la ceva mai puțin greșit la ceva și mai puțin greșit, apoi la ceva și mai puțin greșit și tot așa. Ne aflăm într-un proces permanent de aproximare a adevărului și perfecțiunii, fără a atinge vreodată adevărul sau perfecțiunea.

Nici n-ar trebui să încercăm să găsim răspunsul absolut „corect" pentru noi, ci mai curând să încercăm să reducem căile prin care ne înșelăm astăzi, pentru ca mâine să ne înșelăm mai puțin.

Din această perspectivă, dezvoltarea personală poate fi o chestiune destul de științifică. Ipotezele noastre de lucru sunt valorile noastre: comportamentul acesta este benefic și important; comportamentul celălalt nu este. Experimentele sunt acțiunile noastre; datele obținute sunt emoțiile și tiparele de gândire rezultate din acțiunile noastre.

Nu există dogmă corectă sau ideologie perfectă. Există doar ceea ce experiența a demonstrat că este bine *pentru tine* — dar, chiar și atunci, probabil că experiența e înșelătoare într-o oarecare măsură. Și cum eu, tu și oricare dintre noi are nevoi, povești personale și circumstanțe de viață diferite, vom ajunge inevitabil la răspunsuri „corecte" diferite în ce privește sensul vieții și cum trebuie trăită ea. Răspunsul corect pentru mine înseamnă să călătoresc ani în șir, să trăiesc în locuri necunoscute și să râd de tot ce scot pe gură. Sau cel puțin ăsta era răspunsul corect până de curând. Răspunsul se va schimba și va evolua, pentru că eu mă schimb și evoluez; iar pe măsură ce acumulez experiență, observ tot mai mult cât de tare greșesc și devin tot mai hotărât pe zi ce trece.

Mulți oameni sunt atât de obsedați de a trăi „corect“ că nici nu mai ajung vreodată *să trăiască* cu adevărat.

O femeie oarecare se simte singură își dorește un partener, dar nu iese niciodată din casă și nu face nimic în sensul ăsta. Un bărbat oarecare muncește de-i sar capacele și crede că merită o promovare, dar nu-i spune niciodată șefului clar ce crede.

Li se va spune că se tem de eșec, de respingere, că se tem să nu primească răspunsuri negative.

Dar nu despre asta este vorba. Sigur, respingerea doare. Eșecul e de rahat. Însă există și anumite certitudini de care ne agățăm — certitudini pe care ne temem să le analizăm sau ne e frică să le abandonăm, valori ce au dat sens vieții noastre de-a lungul anilor. Femeia nu iese la întâlniri pentru că se teme să-și confrunte propriile convingeri legate de cât este de atrăgătoare. Bărbatul respectiv nu cere o promovare fiindcă se teme să-și confrunte propriile convingeri despre valoarea abilităților sale.

E mai ușor să adopți certitudinea dureroasă că nimeni nu te consideră atractiv sau că nu-ți apreciază nimeni talentul, decât să *testezi* aceste convingeri pentru a afla cum stau lucrurile cu adevărat.

Convingerile de tipul acesta — nu sunt suficient de atractiv, așa că de ce să mă obosesc, sau șeful meu e un idiot, așa că de ce să-mi bat capul — sunt menite să ne ofere un confort moderat în prezent în detrimentul unei fericiri și al unui succes mai mare în viitor. Sunt niște strategii dezastruoase pe termen lung, dar ne agățăm de ele deoarece credem că avem dreptate și că știm deja ce se va întâmpla. Pe scurt, presupunem că știm deja sfârșitul poveștii.

Siguranța este dușmanul evoluției personale. Nimic nu poate fi sigur până nu se întâmplă cu adevărat — ba nici măcar atunci nu este dincolo de orice îndoială. De aceea, să acceptăm faptul că valorile noastre au în mod inevitabil un caracter imperfect este o condiție esențială a evoluției unei persoane.

În loc să căutăm certitudinea, ar trebui să cultivăm întotdeauna îndoiala: să ne îndoim de propriile credințe, de propriile sentimente, să ne îndoim de ce ne poate aduce un viitor pe care nu-l creăm noi înșine. În loc să căutăm să avem întotdeauna dreptate, mai bine am căuta să înțelegem unde greșim. Pentru că greșim.

Greșind, ne oferim șansa de a ne schimba. A greși înseamnă să ne creăm ocazia de a evolua ca oameni. Înseamnă că nu e nevoie să te tai la mână ca să te vindeci de răceală și nici să te freci cu urină de câine ca să arăți din nou tânăr. Înseamnă să nu crezi că „mediocru“ e o legumă și să nu te temi să-ți pese de ceva.

Iată un adevăr straniu: noi *de fapt* nu știm care experiențe sunt pozitive și care sunt negative. Unele dintre momentele cele mai dificile și mai stresante din viața noastră se dovedesc a fi cele care ne formează și ne motivează. Unele dintre cele mai utile și mai satisfăcătoare experiențe din viața noastră sunt totodată unele dintre cele mai tulburătoare și mai descurajante. Să nu credeți în ideea pe care v-ați făcut-o despre experiențele pozitive/negative. Tot ce putem ști cu siguranță e ce doare și ce nu doare în momentul prezent. Iar asta contează prea puțin.

Îmi imaginez că, așa cum astăzi noi ne îngrozim de viața pe care o duceau oamenii acum cinci sute de ani, cei ce vor trăi peste cinci sute de ani vor râde de noi și de certitudinile noastre. Vor râde că am lăsat banii și locurile de muncă să ne definească viața. Vor râde când vor vedea cât de frică ne-a fost să le arătăm celor la care ținem cel mai mult că-i apreciem, în timp ce am adulat personaje publice care nu meritau nimic. Vor râde de ritualurile și superstițiile noastre, de grijile și războaiele noastre; vor fi șocați de cruzimea noastră. Vor studia arta noastră și vor dezbate istoria noastră. Vor înțelege adevăruri despre noi de care astăzi nimeni nu e conștient.

Și ei, la rândul lor, se vor înșela. Doar că mai puțin decât noi.

Suntem arhitecții propriilor convingeri

Încercați asta. Luați un om de pe stradă, băgați-l într-o cameră și puneți-l să apese niște butoane. Apoi spuneți-i că în momentul în care va reuși să facă ceva anume — dar nu-i spuneți ce, trebuie să descopere singur — un semnal luminos îl va anunța că se află pe calea cea bună. Mai spuneți-i să fie atent câte puncte poate să strângă într-un interval de treizeci de minute.

Au existat psihologi care au efectuat exact acest tip de experiment, cu rezultate care nu vă vor surprinde. Subiecții s-au așezat pe scaun și au început să lovească la întâmplare butoanele, până ce au obținut activarea semnalului luminos. Apoi, cum era de așteptat, au încercat să repete gesturile pentru a obține mai multe puncte. Doar că de data asta becul nu s-a mai aprins. Au încercat secvențe mai complexe de apăsări — butonul ăsta de trei ori, alt buton o singură dată, aștepți cinci secunde și — *ding*! Încă un punct. Dar până la urmă n-a mai funcționat nici *asta*. Poate nici nu depinde de butoane, de fapt, s-au gândit subiecții. Poate că importantă e poziția. Sau ce ating. Poate că e ceva legat de picioare. *Ding*! Încă un punct. Da, poate că trebuie să țin cumva picioarele și *abia apoi* să apăs alt buton. *Ding*!

În general, după zece sau cincisprezece minute de căutări, fiecare participant la experiment descoperea secvența de mișcări câștigătoare. Ceva bizar, de regulă, cum ar fi să stai într-un picior și să ții minte un lung șir de combinații efectuate într-un interval specific de timp, dar numai dacă stai cu fața într-o anumită direcție.

Partea cea mai amuzantă e următoarea: punctele erau distribuite la întâmplare. Nu exista o secvență corectă, un algoritm. Ci doar o lumină care se aprindea aleatoriu, însoțită de un clinchet, pe de o parte, iar de cealaltă parte, subiecții care se dădeau peste cap, convinși că acele combinații pe care le făceau le aduceau puncte.

Lăsând deoparte cruzimea unei asemenea idei, experimentul demonstrează cu ce viteză poate mintea omenească să inventeze și să creadă o minciună. Toți participanții la experiment plecau de-acolo convinși că dibuiseră mecanismul experimentului și câștigaseră jocul. Fiecare dintre ei credea că acumulase puncte fiindcă descoperise secvența „perfectă" de mișcări. Însă metodele pe care le-au descoperit au fost la fel de unice ca indivizii înșiși. Unul descoperise o combinație lungă care pentru ceilalți nu avea niciun sens. O fată credea că, pentru a obține mai multe puncte, trebuia să atingă de câteva ori tavanul. La finalul experimentului, era epuizată de cât țopăise.

Creierul nostru este o mașină de fabricat sens. Ceea ce numim „sens" este rezultatul asociațiilor pe care creierul le operează între două sau mai multe experiențe. Apăsăm un buton și se aprinde o lumină; de aici tragem concluzia că acționarea butonului este *cauza* aprinderii luminii. Aceasta este, în esență, baza pe care se dezvoltă sensul. Vedem un scaun. Observăm că este gri. Creierul face imediat o asociere între culoare (gri) și obiect (scaun) și furnizează o concluzie cu sens: „scaunul este gri".

Mintea creează în permanență legături, generând tot mai multe asociații care să ne ajute să înțelegem și să controlăm mediul din jurul nostru. Întreaga noastră experiență, interioară și exterioară, provoacă asociații și conexiuni noi în mințile noastre. Totul, de la cuvintele de pe această pagină la conceptele gramaticale pe care le folosiți pentru a descifra sensul lor și la gândurile murdare care încep să vă treacă prin minte când scrisul meu devine prea plicticos sau repetitiv — fiecare dintre aceste gânduri, impulsuri și percepții este compus din mii și mii de conexiuni neuronale, activate sincronizat, grație cărora mintea este luminată pentru o clipă de cunoaștere și înțelegere.

Dar există două probleme. În primul rând, creierul este imperfect. Percepem eronat. Uităm sau interpretăm greșit destul de rapid ceea ce percepem.

În al doilea rând, după ce a creat sens, creierul are tendința de-a se agăța de acesta. Procesul gândirii este viciat de sensul generat de minte; nu vrem să renunțăm la el. Mai mult, preferăm să ignorăm dovezile care contrazic sensul pe care l-am creat și preferăm să continuăm să credem în el.

Comedianul Emo Philips spunea cândva: „Obișnuiam să cred că cel mai minunat organ din corpul uman este creierul. Până m-am prins cine-mi spunea asta". Adevărul mai puțin plăcut este că majoritatea lucrurilor pe care am ajuns să le „cunoaștem" și să le credem sunt rezultatul inexactităților și-al erorilor inerente din creierul nostru. Multe, probabil cele mai multe dintre valorile noastre sunt rezultatul unor întâmplări nereprezentative pentru lume în ansamblul ei, ori al unui trecut interpretat cu totul greșit.

Concluzia? Cele mai multe dintre convingerile noastre sunt greșite. Sau, ca să fim și mai exacți, *toate* convingerile sunt greșite — doar că unele sunt mai puțin greșite decât altele. Mintea omenească este un talmeș-balmeș de inexactități. Poate că nu prea vă convine acest adevăr, dar este incredibil de important să-l acceptați, după cum vom vedea în continuare.

Ai grijă ce crezi

În 1988, pe când făcea ședințe de terapie, ziarista și scriitoarea feministă Meredith Maran a avut o revelație înfiorătoare: tatăl său o abuzase sexual în copilărie. Descoperirea acestei amintiri pe care o reprimase mare parte din viața ei adultă a fost un adevărat șoc pentru ea. Avea treizeci și șapte de ani când l-a confruntat pe tatăl ei și și-a confruntat familia în legătură cu cele întâmplate.

Mărturisirea lui Meredith a îngrozit întreaga familie. Tatăl ei a negat imediat totul. O parte dintre membrii familiei i-au luat partea lui Meredith. Alții au luat partea tatălui. Familia a fost scindată în două. Iar durerea care definea relația dintre Meredith și tatăl ei cu mult înainte de aceste acuzații s-a întins acum ca un mucegai pe toate relațiile cu membrii familiei și i-a dezbinat.

Apoi, în 1996, Meredith a avut parte de o nouă revelație uluitoare: tatăl ei *nu* o abuzase sexual, de fapt. (Știu: ups!) Această amintire fusese inventată de Meredith, cu ajutorul unui terapeut foarte binevoitor. Copleșită de vinovăție, ziarista a încercat să se împace cu tatăl ei și cu ceilalți membri ai familiei, implorând iertare și încercând să-și explice comportamentul. Dar a fost prea târziu. Tatăl a murit și familia n-a mai fost niciodată la fel ca înainte.

Se pare că Meredith nu a fost un caz singular. Cum scria chiar ea în autobiografia sa, *My Lie: A True Story of False Memory*, în decursul anilor 1980, multe femei i-au acuzat de abuz sexual pe unii bărbați din familiile lor, doar pentru a se răzgândi și a-și retrage acuzațiile după câțiva ani. La fel, în aceeași perioadă, mai mulți oameni au reclamat existența unor culte satanice ce ar fi abuzat copii, dar investigațiile poliției întreprinse în zeci de orașe n-au avut drept rezultat nicio dovadă care să indice că ar fi avut loc astfel de practici demente.

De ce au început oamenii dintr-odată să inventeze amintiri despre abuzuri oribile în familii și secte? Și de ce au început să apară toate atunci, în anii 1980?

Ați jucat vreodată telefonul fără fir în copilărie? Știți, jocul acela în care îi spui cuiva ceva la ureche și ce ai spus tu este transmis mai departe, pe rând, către vreo zece persoane, astfel încât ce ajunge la ultima persoană nu mai are nicio legătură cu ce a fost spus inițial? Cam așa funcționează și amintirile noastre.

Avem parte de niște experiențe. După câteva zile, deja ne amintim ușor diferit acele experiențe, ca atunci când am auzit deformat ceva abia șoptit. Apoi, când povestim altcuiva ce am trăit, mai umplem pe ici, pe colo golurile din scenariu ca să nu pară că am luat-o razna și povestea noastră nu are niciun sens.

Între timp, ajungem să credem detaliile pe care le-am inventat, așa că, data viitoare când povestim, chiar pe ele punem accent. Doar că, nefiind reale, nu ni le amintim întocmai. Un an mai târziu, ne îmbătăm într-o noapte și ne apucăm să povestim întâmplarea cu pricina, cosmetizând-o și mai mult de data asta — să fim sinceri, cosmetizând cam o treime din poveste. Săptămâna următoare, scuturați de aburii alcoolului, nu vrem să recunoaștem că suntem niște mincinoși profesioniști, așa că adoptăm oficial noua variantă, extinsă și bahică, a poveștii noastre. Cinci ani mai târziu, istorioara noastră absolut, jur-pe-dumnezeu, jur-pe-mormintele-părinților-mei, adevărată este adevărată cam în proporție de 50%.

Toți facem asta. Și tu. Și eu. Oricât de onești și de bine intenționați am fi, ne amăgim fără încetare pe noi înșine și pe ceilalți, dintr-un motiv simplu: creierul nostru e construit să fie eficient, nu exact.

Și nu doar că avem o memorie pe care nu ne putem baza — până într-atât, încât la tribunal nu se iau neapărat în serios depozițiile martorilor oculari —, dar creierul nostru funcționează într-o manieră îngrozitor de părtinitoare.

Cum așa? Ei bine, creierul încearcă întotdeauna să dea un sens situației curente bazându-se pe convingerile și experiențele anterioare. Orice informație nouă este evaluată după criterii și concluzii preexistente. Prin urmare, creierul este întotdeauna predispus să creadă ce simțim în momentul respectiv ca fiind adevărat. De aceea, când ne înțelegem bine cu sora, vom interpreta majoritatea amintirilor legate de ea într-o lumină pozitivă. Dar dacă relația se strică, exact aceleași amintiri vor fi adesea percepute diferit, vor fi reinventate, astfel încât să explice furia actuală față de soră. Cadoul frumos pe care mi l-a făcut la ultimul Crăciun este interpretat acum ca un gest arogant și superior. Episodul în care a uitat să ne invite la casa ei de pe lac nu mai este o greșeală inocentă, ci semnul unei neglijențe oribile.

Povestea falsului abuz suferit de Meredith are mult mai mult sens când înțelegem valorile pe baza cărora s-au dezvoltat convingerile ei. În primul rând, Meredith a avut o relație încordată și dificilă în cea mai mare parte a vieții cu tatăl ei. În al doilea rând, Meredith trecuse printr-o serie de relații eșuate cu bărbați, inclusiv un mariaj.

Așadar, din perspectiva criteriilor ei, deja putem spune că „relațiile apropiate cu bărbații" nu erau tocmai grozave.

Apoi, la începutul anilor 1980, Meredith a devenit o feministă radicală și a început să facă cercetări asupra abuzului la copii. Ani în șir a auzit tot soiul de povești înfiorătoare și a cunoscut victime ale unor incesturi — de obicei fetițe. De asemenea, a scris aprofundat despre mai multe studii inexacte apărute în epocă — studii despre care s-a aflat ulterior că exagerau răspândirea cazurilor de abuz (cel mai faimos dintre acestea susținea că o treime dintre femeile adulte fuseseră abuzate sexual în copilărie, procent infirmat de cercetările ulterioare).

Pe lângă toate astea, Meredith s-a îndrăgostit și a intrat într-o relație cu o femeie, victima unui incest. Au dezvoltat o relație toxică, de codependență, încercând să-și „salveze“ partenera de trecutul ei traumatic. Partenera își folosea trecutul traumatic ca pe o armă cu care încerca să câștige afecțiunea lui Meredith (mai multe pe acest subiect și mai multe despre relații în capitolul 8). Între timp, relația cu tatăl (care nu era tocmai încântat de relația lesbiană a fiicei) se deteriora tot mai mult, iar Meredith mergea la terapie într-un ritm aproape compulsiv. Terapeuții, al căror comportament era ghidat de *propriile* valori și credințe, insistau sistematic că nefericirea lui Meredith nu putea fi cauzată pur și simplu de munca foarte stresantă de reporter și de relațiile defectuoase; *sigur mai exista ceva, ceva mult mai profund.*

În aceeași perioadă, a ajuns la modă o nouă formă de terapie, numită terapia amintirilor reprimate. Aceasta presupunea ca terapeutul să-l transpună pe pacient într-o stare de transă în care cel din urmă este încurajat să identifice și să retrăiască amintiri uitate din copilărie. Amintirile identificate erau adesea inofensive, însă ideea era că puteau fi descoperite și câteva de natură traumatică.

Așa că iat-o pe biata Meredith, nefericită, cercetând toată ziua cazuri de incest și abuz asupra copiilor, supărată pe tatăl ei, după mai multe relații eșuate cu bărbați, în situația în care singurul om care pare s-o înțeleagă și s-o iubească este o femeie care a trecut printr-o experiență incestuoasă. Ah, iar o dată la două zile se întinde și plânge pe canapeaua unui terapeut care-i cere insistent să-și amintească ceva ce nu-și poate aminti. Poftim rețeta perfectă pentru inventarea amintirii unui abuz sexual ce n-a avut loc niciodată.

Principala prioritate a minții în momentul în care apar experiențe noi este interpretarea acestora în conformitate cu experiențele, sentimentele și convingerile pe care le aveam înainte. Dar se întâmplă să ajungem în situații de viață în care trecutul și prezentul *nu* se armonizează: în asemenea momente, prezentul contrazice tot ceea ce am acceptat ca fiind adevărat și rezonabil în trecut. Atunci, mintea, într-un efort de refacere a coerenței, va produce uneori amintiri false. Asociind experiența prezentă cu un trecut imaginar, mintea ne ajută să nu pierdem sensul dobândit inițial.

După cum spuneam, povestea lui Meredith nu e chiar un caz izolat. În anii 1980 și începutul anilor 1990, sute de oameni nevinovați au fost acuzați pe nedrept, în circumstanțe similare, de acte de violență sexuală. Mulți dintre ei au ajuns chiar la închisoare pentru asta.

În cazul unor persoane nesatisfăcute de viața lor, astfel de explicații echivoce, combinate cu prezentările cu caracter senzațional din presă — a existat o adevărată epidemie de povești despre abuzuri sexuale și culte satanice violente, iar victima puteai fi chiar *tu* — au funcționat ca un catalizator prin care inconștientul a răstălmăcit puțin amintirile pentru a explica suferința prezentă printr-o poveste ce permitea victimizarea și evitarea responsabilității. Terapia amintirilor reprimate acționa apoi ca metodă de extragere a dorințelor inconștiente și încadrare a lor într-o formă tangibilă de memorie.

Acest proces, împreună cu rezultatul său la nivel psihic, a devenit atât de comun, încât a primit și un nume: sindromul amintirilor false. A modificat modul de funcționare al sălilor de tribunal. Mii de terapeuți au fost dați în judecată și și-au pierdut licențele. Terapia amintirilor reprimate a fost scoasă din uz și înlocuită cu metode mai practice. Cercetările recente au confirmat lecția dureroasă de atunci: convingerile noastre sunt maleabile, iar amintirile sunt groaznic de nesigure.

Există tot soiul de sfaturi comune conform cărora trebuie să „avem încredere în noi", să „mergem pe instinct" și alte asemenea clișee care gâdilă plăcut urechea.

Dar poate că mai important e să ai *mai puțină* încredere în tine. Dacă, în definitiv, ne putem baza atât de puțin pe mințile și inimile noastre, atunci poate că ar trebui să ne punem *mai mult* la îndoială intențiile și motivațiile. Dacă tot ne înșelăm cu toții, tot timpul, atunci oare nu cumva scepticismul față de sine și provocarea sistematică a propriilor convingeri sunt singurele căi logice spre evoluția noastră ca oameni?

Poate că sună înfricoșător și autodistructiv. Dar, în realitate, este exact opusul. Nu e doar opțiunea cea mai sigură, ci și cea mai eliberatoare.

Pericolele siguranței absolute

Erin stă de cealaltă parte a mesei în restaurantul unde se servește sushi și încearcă să-mi explice de ce nu crede în moarte. Au trecut aproape trei ore, timp în care ea a mâncat exact patru rulouri cu castravete și a băut singură o sticlă întreagă de sake (de fapt, acum e la jumătatea celei de-a doua sticle). E marți, ora patru după-amiază.

Nu eu am invitat-o aici. A aflat pe internet unde sunt și a venit să mă caute.

Din nou.

A făcut-o și în trecut. Vedeți voi, Erin e convinsă că poate elimina moartea și e la fel de convinsă că are nevoie de ajutorul meu pentru a reuși. Dar nu într-un sens profesional. Dacă ar avea nevoie de vreo consiliere pe probleme de PR sau așa ceva, tot ar fi o treabă. Dar nu, e mai mult de-atât: ea are nevoie de mine ca iubit. De ce? După trei ore de întrebări și o sticlă și jumătate de sake, tot nu e clar.

A, colac peste pupăză, la discuție e prezentă și iubita mea. Erin a considerat că este foarte important să participe și ea. Trebuia să-i spună că e „dispusă să mă împartă" și că prietena mea (actuala mea soție) „nu are motive să se simtă amenințată" de ea.

Pe Erin am cunoscut-o în 2008, la un seminar de dezvoltare personală. Mi-a părut o persoană destul de drăguță. Un pic zăpăcită, un pic agitată pe idei new-age, dar licențiată în drept la o școală Ivy League și de o inteligență evidentă. În plus, râdea la glumele

mele și mă găsea simpatic — așa că, desigur, eu fiind eu, m-am culcat cu ea.

O lună mai târziu, îmi cerea să vin din celălalt capăt al țării și să mă mut cu ea. Mi s-a părut un semnal destul de grav, așa că am încercat să rup orice legătură cu ea. Mi-a răspuns că se sinucide dacă refuz să fim împreună. Bun, al doilea semnal grav. Am blocat contactul pe e-mail și restul rețelelor.

Asta i-a încetinit planurile, dar n-a oprit-o.

Cu niște ani înainte să ne cunoaștem, Erin a suferit un accident de mașină în care aproape că și-a pierdut viața. De fapt, din punct de vedere medical *chiar* a „murit“ pentru câteva momente — oprirea completă a activității creierului — dar a fost, cumva, resuscitată în mod miraculos. După ce „s-a întors“, susținea că totul s-a schimbat. A devenit o persoană foarte spirituală. A început să fie interesată și să creadă în vindecare energetică, îngeri, conștiință universală și tarot. A început, de asemenea, să creadă că este vindecătoare, că are abilități paranormale și că poate să prevadă viitorul. Și, dintr-un motiv misterios, după ce m-a cunoscut, a decis că noi doi trebuie să salvăm lumea împreună. Să „vindecăm moartea“, cum spunea ea.

După ce am blocat-o, a început să-și facă adrese de e-mail false, uneori scriindu-mi zeci de mesaje furioase pe zi. Și-a creat conturi false de Facebook și Twitter ca să mă hărțuiască pe mine și persoane apropiate mie. A creat o pagină web identică cu a mea și a publicat zeci de articole în care susținea că sunt fostul ei iubit, că am mințit-o și am înșelat-o, că i-am promis că mă căsătoresc cu ea și că noi doi suntem destinați unul celuilalt. Când am contactat-o pentru a-i spune să șteargă pagina, mi-a spus că o va face doar dacă vin în California ca să fim împreună. Cam asta înțelegea ea prin compromis.

În tot timpul ăsta, justificarea ei a fost una și aceeași: noi doi eram făcuți unul pentru celălalt, era ceva hărăzit de Dumnezeu, pentru că pe ea o informaseră categoric vocile îngerilor auzite în timpul nopții că „relația noastră specială" urma să fie piatra de temelie a unei noi epoci de pace deplină pe pământ (da, chiar mi-a spus asta).

Până să ajungem la scena din restaurantul unde se servea sushi, îmi scrisese mii de e-mailuri. Că i-am răspuns sau nu, că am făcut-o pe un ton respectuos sau furios, atitudinea ei a rămas aceeași. Gândirea ei nu s-a schimbat deloc; convingerile sale au rămas de neclintit. Trecuseră deja șapte ani de când se întâmplau toate astea (și numărătoarea continua).

Și uite așa, într-un mic restaurant unde se servea sushi, în fața lui Erin, care dădea pe gât sake și trăncănea întruna despre cum își vindecase pisica de pietre la rinichi prin masaje energetice, am înțeles brusc ceva:

Erin este dependentă de autoperfecționare. Cheltuiește zeci de mii de dolari pe cărți, seminare și cursuri. Iar chestia cea mai dementă e că Erin este întruchiparea tuturor lecțiilor pe care le-a învățat. Își trăiește visul. Este tenace. Are idei clare, acționează, înfruntă respingerile și eșecurile, se ridică de jos și încearcă încă o dată. E o optimistă incurabilă. Are o părere destul de bună despre propria persoană. Ce tot spun, femeia susține că și-a vindecat pisica așa cum l-a vindecat Iisus pe Lazăr — să fim serioși.

Totodată, valorile ei sunt atât de eronate, că nimic din toate astea nu contează. Faptul că face totul „corect" nu înseamnă că *ea* are dreptate.

Are certitudini la care nu renunță. Mi-a spus-o chiar ea foarte simplu: e conștientă că fixația ei este complet irațională și nesănătoasă și că provoacă nefericire, atât ei, cât și mie. Dar, dintr-un motiv sau altul, i se pare atât de corect să facă asta, că nu poate ignora ce simte și nu se poate opri.

Pe la jumătatea anilor 1990, psihologul Roy Baumeister a început să cerceteze conceptul de rău. Concret, a analizat comportamentul oamenilor care fac rău și a încercat să explice motivațiile acestora.

La vremea respectivă, se credea că oamenii fac fapte rele deoarece se simt groaznic cu ei înșiși — adică au o stimă de sine scăzută. Una dintre descoperirile surprinzătoare ale lui Baumeister a fost că această ipoteză nu este întotdeauna adevărată. De fapt, chiar dimpotrivă. Unii dintre cei mai mari criminali se simt destul de bine cu ei înșiși. Tocmai această împăcare cu sine, în ciuda realității din jurul lor, le oferă justificare pentru rănirea și jignirea celorlalți.

Un om care face lucruri abominabile celorlalți crede orbește în propria dreptate, în convingerile sale și în faptul că merită o mulțime de lucruri. Rasiștii comit acte rasiste deoarece sunt absolut siguri de superioritatea lor genetică. Fanaticii religioși se aruncă în aer, ucigând zeci de oameni nevinovați, deoarece sunt absolut siguri de locul lor de martiri în rai. Bărbații violează și abuzează femei pentru că sunt convinși că au un drept asupra corpului acestora.

Oamenii răi nu cred niciodată că *ei* sunt răi, ci mai degrabă că toți ceilalți sunt răi.

Au existat o serie de experimente controversate, cunoscute azi drept Experimentele Milgram, după numele psihologului Stanley Milgram, în care cercetătorii le-au spus unor subiecți „normali" că urmează să le administreze niște pedepse altor subiecți pentru încălcarea anumitor reguli. Iar primii subiecți și-au luat treaba foarte în serios, uneori ajungând aproape să-i abuzeze fizic pe ceilalți. Aproape niciunul dintre ei n-a obiectat și n-a cerut explicații. Ba mai mult, mulți dintre ei lăsau impresia că se bazează pe certitudinea că au dreptul moral să facă asta, drept insuflat de către cercetătorii care gândiseră experimentul.

Problema nu este că nu putem avea certitudini depline, dar încercarea de a le obține generează adesea și mai multă incertitudine (și cu efecte nocive).

Mulți dintre noi sunt de neclintit în certitudinea lor față de propriile abilități profesionale sau față de ideea că ar trebui să câștige o anumită leafă. Dar e o certitudine care-i face să se simtă mai prost, nu mai bine. Se simt jigniți dacă cineva e promovat înaintea lor. Se simt subapreciați și ignorați.

Chiar și lucruri foarte simple, cum ar fi să citești pe furiș mesajele partenerului tău sau să întrebi pe cineva ce spun oamenii despre tine sunt motivate de nesiguranță și de dorința arzătoare de-a fi sigur.

Poate că verificând mesajele partenerului, nu vei găsi nimic, dar de regulă povestea nu se încheie aici; vei începe să te întrebi dacă nu cumva mai are un telefon. La serviciu, dacă te simți jignit și ignorat cu prilejul promovării unui coleg, ajungi să nu mai ai încredere în colegii tăi și să găsești ceva suspect în tot ce spun (precum și în ce crezi tu că simt ei față de tine), iar asta îți va reduce și mai mult șansele unei promovări. Poți continua să cauți persoana aceea specială cu care „ar trebui" să fii, dar fiecare respingere și fiecare noapte petrecută în singurătate te vor face să te întrebi tot mai mult cu ce greșești.

Tocmai în aceste momente de nesiguranță și de disperare profundă devenim sensibili la acel sentiment insinuant că ni se cuvine totul: cel care ne face să credem că *merităm* să înșelăm puțin pentru a ne atinge scopurile, că alți oameni *merită* să fie pedepsiți, că noi *merităm* să obținem ce ne dorim, uneori chiar prin violență.

Funcționează și aici legea efortului inversat: cu cât încerci să fii mai sigur de ceva, cu atât mai nesigur și mai puțin stăpân pe tine te vei simți.

Dar și contrariul e valabil: cu cât îmbrățișezi mai mult nesiguranța și necunoașterea, cu atât mai confortabil te vei simți în a ști ceea ce nu știi.

Incertitudinea elimină tendința de a-i judeca pe ceilalți; elimină stereotipurile și erorile de gândire ce apar când vedem pe cineva la televizor, la birou sau pe stradă. Incertitudinea ne eliberează și de judecata de sine. Nu știm dacă putem fi iubiți sau nu; nu știm cât de atractivi suntem; nu știm cât succes am putea avea. Singura cale de a dobândi aceste lucruri este incertitudinea față de ele și deschiderea față de experiențele ce ni le-ar putea oferi.

Nesiguranța stă la baza progresului și a evoluției noastre ca oameni. Cum spune vorba aia veche, omul care crede că le știe pe toate nu învață nimic. Nu putem învăța nimic dacă nu plecăm din punctul în care nu știm. Cu cât recunoaștem mai mult că nu știm, cu atât creăm mai multe posibilități de a învăța.

A presupune că valorile noastre sunt complete și perfecte, când ele sunt de fapt incomplete și imperfecte, ne situează într-o mentalitate periculos de dogmatică în care pot să apară convingerea că ni se cuvinte totul și evitarea responsabilității. Nu ne putem rezolva problemele dacă nu recunoaștem mai întâi că acțiunile și credințele noastre de până acum au fost greșite și nefuncționale.

Orice schimbare sau evoluție autentică *are obligatoriu nevoie* de acest tip de deschidere față de greșeală.

Înainte de-a analiza valorile și prioritățile și a le schimba cu unele mai bune, mai sănătoase, trebuie mai întâi să devenim *nesiguri* de valorile noastre actuale. Trebuie să le identificăm defectele și erorile, să observăm cum nu se armonizează cu lumea, să privim propria ignoranță în față și să o acceptăm, întrucât ignoranța noastră este mai mare decât noi toți la un loc.

Legea Manson a evitării

Probabil că ați auzit, într-o formă sau alta, această lege a lui Parkinson: „Munca se extinde cât să acopere timpul disponibil îndeplinirii ei“.

Și sigur ați auzit legea lui Murphy: „Dacă ceva poate să meargă rău, va merge“.

Ei bine, data viitoare când vă aflați la o petrece simandicoasă și vreți să-i dați pe toți pe spate, spuneți-le legea Manson a evitării:

> **Cu cât ceva îți amenință mai mult identitatea, cu atât vei evita lucrul respectiv.**

Prin urmare, cu cât ceva amenință mai mult să-ți modifice viziunea despre propria persoană, ceea ce crezi despre propriul succes/ratare sau cât de armonios crezi că trăiești cu valorile tale, cu atât vei evita să te apropii de acel ceva.

A ști unde îți este locul în lumea asta îți dă o oarecare siguranță. Orice amenință această siguranță — chiar dacă ar putea să-ți facă viața mai bună — este în sine înfricoșător.

Legea Manson se aplică atât lucrurilor pozitive, cât și celor negative din viață. Să câștigi un milion de dolari poate fi la fel de amenințător pentru identitatea ta ca pierderea tuturor banilor; să devii un star rock celebru îți poate amenința identitatea la fel de mult ca pierderea locului de muncă. De asta se tem oamenii de multe ori de succes — din exact același motiv pentru care se tem de eșec: e o amenințare pentru cine cred ei că sunt.

Eviți să scrii scenariul pe care ai visat întotdeauna că-l vei scrie deoarece asta ar ridica semne de întrebare asupra identității tale de agent de asigurări. Eviți să-i spui soțului tău că-ți dorești mai multă aventură în pat fiindcă asta ar pune sub semnul întrebării identitatea ta de femeie serioasă, morală. Eviți să-i spui unui prieten că nu vrei să-l mai vezi fiindcă să pui capăt acestei prietenii ar ridica întrebări asupra identității tale de om de treabă și iertător.

Evităm sistematic astfel de prilejuri benefice și importante deoarece ele amenință modul în care ne percepem și ce simțim despre noi. Amenință valorile pe care le-am ales și cu care am învățat să trăim.

Am avut un prieten care mi-a vorbit o grămadă despre cât de mult își dorea să-și expună lucrările de artă pe internet și să încerce să trăiască ca artist profesionist (sau semiprofesionist). Ani întregi a vorbit despre asta, a economisit bani, ba chiar și-a făcut mai multe pagini web pentru portofoliu.

Dar de lansat, nu s-a lansat niciodată. Exista întotdeauna câte un motiv: ba rezoluția la care erau urcate imaginile pe net nu era suficient de bună, ba tocmai pictase ceva mult mai bun, ba se afla într-un moment în care nu avea suficient timp pentru asta.

Au trecut anii, dar omul nostru n-a mai renunțat la „jobul lui adevărat". De ce? Fiindcă, dincolo de visul de-a trăi din arta lui, perspectiva de a deveni Un Artist Pe Care Nu-l Admiră Nimeni era mult, mult mai înfricoșătoare decât aceea de a rămâne Un Artist De Care Nu a Auzit Nimeni.

Un alt prieten de-al meu era mare amator de petreceri, beții și aventuri amoroase. După ani și ani de „viață trăită la maximum“, s-a trezit teribil de singur, deprimat și cu o sănătate precară. Își dorea să renunțe la viața de petrecăreț. Pentru cei dintre noi „mai așezați“ decât el, implicați în relații, avea doar cuvinte pline de o invidie amară. Cu toate astea, nu s-a schimbat niciodată. A continuat să-și trăiască viața la fel, noapte după noapte și sticlă după sticlă. Mereu cu câte o scuză. Mereu cu câte un motiv pentru care nu se putea domoli.

Renunțarea la stilul de viață obișnuit îi amenința prea mult identitatea. El era Petrecărețul și altceva nu știa să fie. Renunțarea la identitatea asta ar fi fost un adevărat harachiri psihologic.

Valori avem cu toții. Și le protejăm. Încercăm să trăim la înălțimea lor, încercăm să le justificăm și să le menținem. Poate că nu o facem intenționat, dar așa funcționează creierul nostru. Cum am spus mai sus, suntem, pe nedrept, tentați să creditäm ceea ce știm deja, ceea ce credem că e sigur. Dacă eu cred că sunt un băiat de treabă, voi evita situațiile care ar putea să-mi contrazică această convingere. Dacă mă consider un bucătar extraordinar, voi căuta prilejuri de a-mi demonstra iar și iar asta. Convingerile apelează întotdeauna la precedente. Nu vom înceta să evităm situațiile neplăcute și nu ne vom învinge temerile decât atunci când vom schimba felul în care ne percepem, ceea ce credem că suntem sau nu suntem. Doar atunci vom reuși.

În acest sens, „a te cunoaște“ sau „a te regăsi“ poate fi periculos. Te poate ține captiv într-un rol rigid și îți poate crea așteptări inutile. Îți poate bloca deopotrivă potențialul interior și deschiderea spre oportunitățile exterioare.

Eu zic să *nu* vă regăsiți. Eu zic să nu știți *niciodată* cine sunteți. Fiindcă asta vă va menține vii și dornici să descoperiți lucruri. Și tot asta vă obligă să rămâneți umili în judecată și să acceptați ce este diferit la ceilalți.

Sinucide-te

Budismul susține că ideea pe care ne-o facem despre „identitatea“ noastră este un construct mental arbitrar și că ar trebui să renunțăm la ideea că există un „eu“. Budismul susține că standardele arbitrare prin care ne definim acționează de fapt ca o capcană, așa că ne-ar fi mult mai bine dacă am renunța la tot. Cumva, am putea spune că budismul ne încurajează să nu ne pese.

Sună nebunesc, dar această abordare a vieții are niște beneficii psihologice. Renunțând la poveștile despre noi, ne eliberăm, deschizându-ne calea spre acțiune (și greșeală) adevărată și spre evoluție.

O femeie, când își spune „Poate că de fapt nu mă pricep la relații“, se eliberează și poate acționa pentru a ieși din mariajul nefericit în care se zbate. Nu mai trebuie să-și apere identitatea rămânând într-un mariaj dezastruos, pentru că acum nu mai trebuie să-și demonstreze nimic.

Studentul care-și spune „Poate că de fapt nu sunt rebel, ci doar speriat“ se eliberează și e posibil să fie din nou ambițios. Nu se mai teme să-și urmeze visul academic, care ar putea foarte bine să fie un eșec.

Agentul de asigurări care-și spune „Poate că visele mele sau meseria mea nu au nimic special“ se eliberează și își oferă șansa unei încercări oneste de-a scrie scenariul și a vedea ce se întâmplă mai apoi.

Am o veste bună și una proastă: *problemele tale nu prea sunt nici unice, nici speciale.* De aceea renunțarea este eliberatoare.

Frica izvorâtă dintr-o certitudine irațională are ceva egocentric în ea. Când presupui că tocmai avionul în care te afli tu e cel care se va prăbuși, că ideea ta de proiect e cea mai stupidă și toți vor râde de ea sau că tu ești cel de care vor toți să-și bată joc, îți spui implicit „Eu sunt excepția; eu nu sunt ca toți ceilalți; sunt diferit și special“.

Ăsta e pur și simplu narcisism. Simți că problemele *tale* merită să fie tratate altfel, că problemele *tale* conțin o matematică unică ce nu se supune legilor universului fizic.

Recomandarea mea: *nu* fiți speciali; *nu* fiți unici. Redefiniți-vă sistemul de evaluare într-o manieră comună și generală. Nu vă considerați staruri în ascensiune sau genii nedescoperite. Nici victime sau ratați jalnici. Evaluați-vă identitatea într-un mod mai banal: student, partener, prieten, creator.

Cu cât identitatea pe care v-o alegeți e mai specială și mai rară, cu atât totul vă va părea mai amenințător. Din acest motiv, definiți-vă cât mai simplu și obișnuit.

Asta presupune adesea să renunțați la tot felul de idei grandioase despre sine: că aveți o inteligență unică, că sunteți spectaculos de talentați, intimidant de atractivi sau dimpotrivă, niște victime demne de toată mila. Mai presupune să renunțați la convingerea că totul vi se cuvine și la credința că lumea vă datorează ceva. Și să renunțați la rezervele de euforie emoțională cu care v-ați întreținut ani la rând. Când veți începe să renunțați la lucrurile acestea, veți trece printr-un sevraj, la fel ca dependentul care renunță la ac. Dar la capătul procesului vă va fi mult mai bine.

Cum să fii un pic mai puțin sigur pe tine

Să te iei la întrebări și să-ți pui sub semnul întrebării propriile gânduri și convingeri este una dintre abilitățile cele mai dificil de dobândit. Dar nu este imposibil. Iată câteva întrebări ce vă pot ajuta să fiți un pic mai puțin siguri pe voi.

Întrebarea nr. 1: Dar dacă mă înșel?

O prietenă de-a mea s-a logodit recent. Tipul care i-a cerut mâna e destul de serios. Nu bea. Nu o lovește și nu se poartă urât cu ea. E prietenos și are un loc de muncă bun.

Însă de când s-a logodit, prietena mea nu mai scapă de admonestările fratelui ei, care nu pierde niciun prilej ca să-i spună că e imatură în privința deciziilor de viață, că-și face rău prin relația cu bărbatul ăsta, că greșește, că este iresponsabilă. Iar când ea își întreabă fratele „Care e problema ta? De ce te deranjează atât de mult?", el se comportă de parcă nu ar *exista* nicio problemă, că nu-l deranjează angajamentul ei, că încearcă doar să fie de ajutor și să-și protejeze sora mai mică.

Doar că e clar că ceva *îl* deranjează. Poate că e vorba despre nesiguranțele lui privind căsătoria. Poate e ceva ce ține de rivalitatea între rude. Poate e gelozie. Poate că e atât de ocupat să se autovictimizeze că nu știe cum să se bucure pentru ceilalți fără a încerca mai întâi să-i facă nefericiți.

Ca regulă generală, suntem cei mai slabi observatori de pe planetă în ceea ce privește propria noastră persoană. Când suntem furioși, geloși sau supărați, adesea nici nu observăm cum ne simțim. Singura cale prin care ne putem da seama ce ni se întâmplă este să renunțăm la armura certitudinii întrebându-ne mereu dacă nu cumva ne înșelăm în privința noastră.

„Sunt gelos — și dacă da, de ce?" „Sunt furios?" „Oare e așa cum spune ea, nu fac decât să-mi protejez egoul?"

Întrebările de acest tip trebuie să devină o obișnuință mentală. În multe cazuri, simpla formulare a acestor întrebări față de sine generează modestia și compasiunea necesare soluționării multor probleme.

Dar este important să reținem că nu e obligatoriu să ne înșelăm doar pentru că ne-am obișnuit să ne întrebăm asta. Dacă soțul te snopește în bătaie pentru că ai ars friptura, iar tu te întrebi dacă nu cumva te înșeli crezând că se poartă rău cu tine — ei bine, uneori pur și simplu nu te înșeli. Scopul este doar să te întrebi și să susții acest gând pentru o clipă, nu să te urăști.

Amintește-ți că, dacă vrei să faci o schimbare în viața ta, *trebuie să te înșeli în privința a ceva*. Dacă pur și simplu zaci nefericit, zi după zi, asta înseamnă că *deja te înșeli* în privința unui lucru major din viața ta și nimic nu se va schimba până ce nu vei fi capabil să te iei la întrebări ca să descoperi care este acel lucru.

Întrebarea nr. 2: Ce ar însemna să mă înșel?

Mulți sunt capabili să se întrebe dacă se înșală, dar puțini pot face următorul pas, și anume să recunoască ce ar *însemna* să se înșele. Din cauză că în spatele amăgirilor noastre poate adesea exista ceva dureros. Nu doar că ne pune la îndoială valorile, dar s-ar putea să ne forțeze să ne întrebăm cum ar arăta o altă valoare, una opusă, și cum ne-am simți adoptând-o.

Aristotel spunea: „Doar mințile educate pot observa un gând fără să-l accepte“. Capacitatea de-a observa și a cântări valori diferite fără a le adopta este poate abilitatea esențială în procesul de transformare a vieții într-una cu mai mult sens.

Cât despre fratele prietenei mele, întrebarea lui ar trebui să fie „Dacă greșesc în privința căsniciei surorii mele, ce înseamnă asta?". De cele mai multe ori, răspunsul la o astfel de întrebare e destul de direct (și implică o afirmație de tipul „sunt un nenorocit egoist/nesigur/narcisist"). Dacă el *într-adevăr* se înșală, iar căsnicia surorii lui este sănătoasă și fericită, comportamentul lui nu poate fi explicat decât prin prisma nesiguranțelor și a valorilor sale eronate. A presupus că el știe mai bine ce e bine pentru sora lui și că ea nu poate lua o decizie majoră de viață de una singură; a presupus că are dreptul, ba chiar că e responsabilitatea lui să ia decizii în numele ei; este sigur că el are dreptate și toți ceilalți se înșală.

Descoperită fie și o singură dată, acest tip de convingere este greu de acceptat, pentru oricare dintre noi. Doare. Din cauza asta puțini oameni își pun aceste întrebări dificile. Însă întrebările iscoditoare sunt absolut necesare atunci când vrem să ajungem la miezul problemelor răspunzătoare pentru comportamentul nostru mitocănesc.

Întrebarea nr. 3: Amăgirea mea creează o problemă mai benefică sau mai puțin benefică, atât pentru mine, cât și pentru cei din jurul meu?

Acesta este testul esențial pentru a verifica dacă avem valori cu adevărat solide sau suntem niște distruși nevrozați care se descarcă pe toată lumea, inclusiv pe noi înșine.

Scopul este identificarea *problemei* mai benefice. Pentru că, în definitiv, cum spunea Panda Incomodul, problemele vieții nu cunosc sfârșit.

Ce opțiuni are fratele prietenei mele?

A. Să continue să producă drame și conflicte în cadrul familiei sale, complicând un moment fericit de altfel, riscând să distrugă încrederea și respectul surorii sale din cauza unei premoniții (unii ar numi-o intuiție) cum că bărbatul ales de ea nu este bun.

B. Să pună sub semnul întrebării propria abilitate de a stabili ce e bun și ce e rău pentru sora lui și să rămână umil, să aibă încredere în abilitatea ei de-a lua decizii, iar dacă nu poate, atunci măcar să accepte asta din dragoste și respect pentru ea.

Cei mai mulți aleg varianta A. Pentru că e calea ușoară. Nu presupune prea mult efort de gândire, prea multe întrebări și permite o totală intoleranță față de deciziile celorlalți, în cazul în care acestea nu ne convin.

Este varianta care produce cea mai multă nefericire pentru toți cei implicați.

Varianta B susține relațiile sănătoase și fericite, bazate pe încredere și respect. Varianta B îi obligă pe oameni să rămână umili și să-și admită ignoranța. Varianta B le permite oamenilor să evolueze dincolo de nesiguranțele lor și să identifice situațiile în care sunt impulsivi, nedrepți sau egoiști.

Dar pentru că e grea și dureroasă, majoritatea oamenilor nu o aleg.

Protestând față de decizia surorii sale, fratele prietenei mele a intrat într-o bătălie imaginară cu sine însuși. Sigur, în mintea lui, el credea că își protejează sora, dar, așa cum am văzut, convingerile sunt arbitrare, ba chiar mai rău, adesea sunt adoptate post-factum pentru a justifica valorile și standardele pe care ni le-am ales. Adevărul e că el preferă să-și strice relația cu sora lui decât să ia măcar în considerare posibilitatea de-a se înșela — deși varianta din urmă l-ar putea ajuta să depășească nesiguranțele din cauza cărora s-a înșelat de la bun început.

Eu încerc să trăiesc cu puține reguli, dar în timp am ajuns să țin la următoarea: dacă e să decid cine greșește, eu sau toți ceilalți, atunci e cu mult, mult, mult mai sigur că eu sunt cel care greșește. Am învățat asta pe pielea mea. Nici nu mai știu de câte ori am fost un nemernic și am acționat în baza nesiguranțelor și a certitudinilor mele eronate. Nu e deloc simpatic.

Asta nu înseamnă că nu există greșeli pe care le fac majoritatea oamenilor. Sau că nu există momente în care ai dreptate, iar ceilalți se înșală.

Realitatea e simplă: când simți că ești într-o luptă cu lumea, sunt mari șanse să te afli, de fapt, într-o luptă cu tine însuți.

Capitolul 7
Eșecul este calea spre evoluție

Nu glumesc deloc când spun asta: am fost norocos.

Am absolvit colegiul în 2007, odată cu debutul colapsului financiar și al Marii Recesiuni, și am încercat să intru pe piața muncii în cel mai prost moment din ultimii optzeci de ani.

Tot cam pe-atunci am aflat că persoana de la care subînchiriasem camera în care locuiam nu mai plătise de trei luni chiria. Când am abordat subiectul, fata a făcut o criză de plâns, după care și-a luat tălpășița, lăsându-ne pe mine și pe celălalt coleg de apartament să rezolvăm situația. Adio, economii. Următoarele șase luni le-am petrecut pe canapeaua unui prieten, ocupat cu tot felul de munci dubioase și foarte atent să nu intru prea mult în datorii până ce găsesc un „job adevărat“.

Zic că am fost norocos fiindcă am intrat în lumea adulților direct ca un ratat. Am început de la zero. Asta e cea mai mare frică mai târziu în viață, când pornești o afacere nouă, îți schimbi locul de muncă sau demisionezi din postul care ți-a mâncat nervii, dar eu am avut parte de ea încă din primele zile. Lucrurile n-aveau cum să meargă mai prost de-atât.

Așa că, da, am avut noroc. Când dormi pe o canapea extensibilă împuțită, îți numeri fiecare bănuț ca să vezi dacă-ți permiți să mănânci fast-food încă o săptămână și trimiți câte douăzeci de CV-uri la care nu primești niciun fel de răspuns, să pornești un blog și o afacere online stupidă nu mai pare o idee chiar atât de idioată. În caz că eșuau toate proiectele și nu-mi citea nimeni articolele de pe blog, mă întorceam de unde pornisem, așa că de ce nu?

Eșecul e un concept relativ în sine. Dacă standardul meu de succes ar fi presupus că trebuie să devin un revoluționar anarhist comunist, atunci eșecul meu total de-a produce bani în 2007 și 2008 a fost un succes nemaipomenit. Dar dacă standardul meu ar fi fost, la fel ca al majorității, să-mi găsesc un loc de muncă decent imediat după încheierea studiilor din care să-mi pot plăti facturile, atunci am avut parte de un eșec lamentabil.

Am crescut într-o familie înstărită. Banii nu au fost niciodată o problemă. Ba dimpotrivă, am crescut în genul de familie în care banii sunt folosiți mai degrabă pentru a evita problemele, nu pentru a le rezolva. Și în privința asta am fost norocos, fiindcă am aflat de timpuriu că să câștigi bani e un standard jalnic de evaluare a vieții. Poți să fii nefericit deși câștigi o căruță de bani la fel cum poți fi falit și în același timp destul de mulțumit de viața ta. Așa că, de ce să mă evaluez ca om pornind de la bani?

Mi-am ales altă valoare în locul banilor. Libertatea, autonomia. Ideea de-a fi antreprenor mi s-a părut întotdeauna interesantă fiindcă am urât mereu să mi se spună ce să fac, preferând să fac lucrurile în felul meu. Ideea de a avea o afacere pe internet mi-a plăcut fiindcă poți lucra de oriunde și când vrei tu.

Mi-am pus o întrebare simplă: „Ce prefer, să fac niște bani mai frumoși la un job care nu-mi place sau să mă joc de-a antreprenorul pe internet cu riscul de-a fi falit o vreme?“. Pentru mine, răspunsul a fost clar și imediat: a doua variantă. Apoi mi-am pus altă întrebare: „Dacă încerc chestia asta și ratez și după câțiva ani mă văd nevoit totuși să-mi caut un loc de muncă normal, se poate spune că am pierdut ceva?“. Răspunsul a fost nu. În locul unui puști de douăzeci și doi de ani, falit și fără experiență, aveam să fiu un puști de douăzeci și cinci de ani, falit și fără experiență. Cui îi pasă?

Din prisma acestei valori, eșec ar fi însemnat să *nu*-mi fac propriile proiecte — nu lipsa banilor, nici dormitul pe canapeaua prietenilor și a familiei (ceea ce am continuat să fac pentru următorii doi ani), nici un CV gol.

Paradoxul succes/eșec

Pablo Picasso, ajuns la bătrânețe, stătea într-o cafenea undeva în Spania și mâzgălea ceva pe un șervețel folosit. Se comporta absolut degajat, desenând orice îl amuza în momentul acela — așa cum desenează adolescenții penisuri pe pereții toaletelor — doar că vorbim de Picasso, așa că penisurile desenate de el erau mai degrabă niște minunății impresionist-cubiste improvizate peste niște pete de cafea.

În fine, aproape de el stătea o femeie care privea încântată cum desenează. După câteva momente, Picasso și-a terminat cafeaua, s-a ridicat să plece și a mototolit șervețelul ca să-l arunce.

Femeia l-a oprit. „Stai", i-a spus ea. „Pot să iau eu șervețelul pe care ai desenat? Plătesc."

„Sigur", i-a răspuns Picasso. „Face douăzeci de mii de dolari."

Femeia a scuturat din cap de parcă tocmai aruncase cineva cu o cărămidă în direcția ei. „Cât? Nu ți-a luat nici două minute să-l desenezi."

„Ba nu, doamnă", a spus Picasso. „Mi-a luat peste șaizeci de ani ca să pot desena asta." A pus șervețelul în buzunar și a părăsit cafeneaua.

Performanța, în orice domeniu, se bazează pe mii de eșecuri mărunte, iar magnitudinea succesului este direct proporțională cu numărul acestora. Dacă cineva e mai bun ca tine la ceva, probabil că e din cauză că a avut parte de mai multe eșecuri în acel ceva. Dacă cineva e mai slab decât tine, e din cauză că nu a trecut prin experiențele dureroase de învățare prin care ai trecut tu.

Să ne gândim la un copil mic care învață să meargă, cum cade și se lovește de nenumărate ori. Copilul nu va spune niciodată „Eh, cred că mersul pur și simplu nu e pentru mine. Nu mă pricep la chestia asta".

Evitarea eșecului e ceva ce învățăm mai târziu în viață. Sunt convins că e un comportament învățat cu precădere în școală, pentru că sistemul nostru de educație triază riguros pe criteriul performanței și-i pedepsește consecvent pe cei ce nu se descurcă. Dar e învățat și acasă, în familiile în care părinții sunt prea autoritari și critici și nu-i lasă pe copii să greșească și-i pedepsesc atunci când încearcă ceva nou. Și mass-media care ne expune constant succeselor fulminante ale altora, fără a ne vorbi vreodată de miile de ore de exercițiu monoton și plicticos din spatele succesului.

La un moment dat, cei mai mulți dintre noi ajungem să ne temem de eșec, să-l evităm instinctiv și să nu mai vedem decât ce e în fața noastră sau ce știm deja să facem bine.

Asta ne limitează. Succes cu adevărat nu putem avea decât atunci când suntem dispuși să dăm greș. Dacă nu suntem dispuși să dăm greș, nu suntem dispuși nici să reușim.

Mare parte din frica de eșec vine din alegerea unor valori nepotrivite. Dacă eu, de pildă, îmi măsor succesul în funcție de standardul „Fă-i pe toți oamenii pe care-i întâlnești să fie ca tine“, atunci voi trăi o viață plină de anxietate, deoarece eșecul va fi determinat 100% de acțiunile celorlalți, nu de acțiunile mele. Nu dețin controlul, așa că stima față de propria persoană depinde întru totul de ceea ce cred ceilalți.

Dar dacă standardul meu este „Îmbunătățește-ți viața socială“, atunci voi putea aspira la o viață în armonie cu valoarea mea, „relații bune cu ceilalți“, indiferent de atitudinea celorlalți față de mine. În cazul acesta, stima de sine se bazează doar pe comportamentul meu și pe capacitatea mea de-a fi fericit.

Valorile rele, așa cum am văzut în capitolul 4, implică scopuri exterioare concrete, aflate dincolo de controlul nostru. Satisfacerea acestor scopuri produce multă anxietate. Chiar dacă le atingem, ne simțim goi pe dinăuntru, deoarece rezolvarea lor ne lasă fără alte probleme de rezolvat.

Valorile bune, cum am văzut, sunt cele orientate pe proces. Standardul „Să mă exprim mai sincer față de ceilalți", indicator al valorii „sinceritate", nu este niciodată pe deplin satisfăcut; e o problemă ce va trebui reabordată constant. Fiecare conversație și fiecare întâlnire nouă aduc noi provocări și noi posibilități de-a fi și mai sincer. E un proces de o viață ce sfidează ideea de rezolvare.

Dacă standardul tău pentru valoarea „succes lumesc" este „A cumpăra o casă și o mașină" și-ți petreci douăzeci de ani muncind pentru asta, odată scopul atins, nu-ți mai rămâne nimic de făcut. Sau îți mai rămâne să te bucuri de criza vârstei de mijloc, deoarece tocmai a expirat problema cu care ți-ai consumat toată viața de adult. Ai rămas fără posibilitatea de a evolua, în condițiile în care fericirea vine din evoluție, nu dintr-o listă de realizări aleatorii.

În sensul acesta, scopurile, așa cum sunt văzute în mod convențional — diploma de colegiu, casa la marginea lacului, să dai jos șapte kilograme — sunt limitate de cantitatea de fericire pe care o pot produce în viața noastră. Pot fi utile când urmărești beneficii rapide, pe termen scurt, dar ca să-ți ghideze calea pe termen lung, sunt dezastruoase.

Picasso a fost prolific toată viața. A trăit peste nouăzeci de ani, continuând să producă artă. Dacă standardele lui ar fi fost „Trebuie să ajungi faimos", „Fă o cârcă de bani în lumea artei" sau „Pictează o mie de tablouri", atunci, de la un punct încolo, ar fi stagnat. Ar fi fost copleșit de anxietate și de îndoieli. Cu siguranță n-ar fi evoluat și n-ar fi fost atât de inovator în arta sa pe cât a fost, deceniu după deceniu.

Picasso a avut succes din același motiv pentru care la bătrânețe se bucura să stea singur într-o cafenea și să mâzgălească ceva pe un șervețel. Valoarea de la baza comportamentului său era simplă și modestă. Și constantă. „Exprimare sinceră." Și din cauza asta a fost atât de valoros șervețelul acela.

Durerea face parte din proces

În anii 1950, psihologul polonez Kazimierz Dabrowski a făcut niște studii cu privire la supraviețuitorii celui de-al Doilea Război Mondial și la capacitatea acestora de-a se adapta experiențelor traumatice ale războiului. Vorbim de Polonia, unde lucrurile au fost destul de urâte în război. Oamenii ăștia au fost martorii înfometărilor în masă, transformării orașelor în ruine, Holocaustului, torturării prizonierilor, violurilor și/sau crimelor făcute ori de naziști, ori, după câțiva ani, de sovietici.

Dabrowski a observat ceva deopotrivă de surprinzător și de extraordinar. Un procent semnificativ dintre supraviețuitori considerau că experiența de război, deși dureroasă și cu adevărat traumatizantă, îi ajutase să devină mai buni, mai responsabili și, da, chiar și mai fericiți. Mulți descriau viața de dinaintea războiului de parcă atunci ar fi fost alți oameni: nerecunoscători și lipsiți de apreciere față de cei dragi, leneși și preocupați de probleme mărunte, orbiți de sentimentul că li se cuvenea tot ce primiseră de la viață. După război, se simțeau mai încrezători, mai siguri pe ei, mai recunoscători, mai puțin tulburați de trivialitățile și micile neplăceri ale vieții.

Experiențele acestor oameni au fost, evident, îngrozitoare, iar supraviețuitorii nu erau fericiți că trecuseră prin așa ceva. Mulți dintre ei încă sufereau de pe urma cicatricilor lăsate de război. Dar mulți dintre ei reușiseră să le folosească pentru a se transforma pe sine în moduri pozitive și puternice.

Și nu sunt singurii care au reușit o astfel de inversare. Știm cu toții că cele mai mari realizări au loc în momentele cele mai dificile. Durerea ne face adesea mai puternici, mai rezistenți, mai realiști. Mulți supraviețuitori ai luptei cu cancerul, de pildă, declară că se simt mai puternici și mai recunoscători după ce au învins boala. Mulți militari spun că se simt mai rezistenți din punct de vedere mental după ce au cunoscut pericolul din zonele de război.

Dabrowski a concluzionat că frica, anxietatea și tristețea nu sunt în mod necesar întotdeauna stări mentale neproductive și dăunătoare, dimpotrivă, adesea sunt reprezentative pentru suferința iminentă din procesul de evoluție. A nega această suferință înseamnă a ne nega potențialul. Așa cum durerea fizică ajută la dezvoltarea unei musculaturi și a unei osaturi mai puternice, durerea emoțională ajută la dezvoltarea rezistenței emoționale, la dezvoltarea unei identități mai puternice, la capacitatea de a simți o compasiune mai profundă și în general la construirea unei vieți mai fericite.

Cele mai radicale modificări de perspectivă apar adesea la capătul celor mai negre perioade. Numai durerea intensă ne forțează să ne analizăm valorile și să ne întrebăm de ce nu funcționează. Ca să ne analizăm lucid pe noi înșine, să înțelegem care e sensul vieții noastre și cum putem să ne schimbăm viața, este *necesar* să traversăm o formă sau alta de criză existențială.

Poți să-i spui „a ajunge la pământ“ sau „criză existențială“. Eu prefer să-i spun „să-i ții piept furtunii nenorocite“. Spuneți-i cum vă place.

Poate că te afli chiar acum într-o astfel de etapă. Poate că tocmai ai depășit cea mai mare provocare a vieții tale și ești de-a dreptul confuz din pricină că tot ce ai crezut că este adevărat, normal și bun s-a dovedit a fi exact opusul.

E bine — acesta e începutul. Nu voi sublinia niciodată îndeajuns, *durerea face parte din proces*. E important să o *simți*. Dacă nu te oprești din vânarea momentelor de euforie sub care îți ascunzi durerea, dacă nu renunți la convingerea că totul ți se cuvine și la gândirea pozitivă amăgitoare, dacă în continuare faci aceleași lucruri, atunci nu vei reuși niciodată să produci motivația necesară unei schimbări autentice.

Când eram mic, de fiecare dată când ai mei cumpărau un aparat video sau audio, obișnuiam să apăs pe toate butoanele, să cuplez și să decuplez fiecare fir și fiecare cablu, doar pentru a înțelege cum funcționau componentele. În timp, am priceput cum funcționează întregul sistem. Și pentru că știam cum funcționează, eram de cele mai multe ori singurul din casă care folosea aceste aparate.

Așa cum s-a întâmplat cu mulți copii născuți în preajma noului mileniu, părinții mei mă priveau ca pe un mic geniu. Faptul că știam să programez un aparat video fără să citesc instrucțiunile era pentru ei un fel de A Doua Venire a lui Tesla.

Astăzi ne permitem să privim la generația părinților noștri și să ne distrăm pe seama fricii lor de tehnologie. Dar, cu cât am înaintat în vârstă, cu atât am înțeles că fiecare dintre noi are în viața lui zone în care reacționează ca părinții mei în fața unui videorecorder nou: ne așezăm în fața aparatului, scuturăm din cap și ne întrebăm „*Cum?*“. Când de fapt e simplu ca bună ziua.

Primesc multe e-mailuri de la oameni care vor să afle răspunsul la aceste întrebări. Mulți ani, n-am știut ce să le răspund.

Să ne gândim la fata ai cărei părinți sunt imigranți și au făcut economii o viață întreagă pentru ca fiica lor să urmeze o școală medicală. Dar uite că fata a ajuns la o școală medicală și detestă chestia asta; nu vrea să-și petreacă viața ca medic și își dorește nespus de mult să abandoneze. Dar se simte blocată. Atât de blocată că într-o zi îi scrie unui străin pe internet (eu) și-i pune o întrebare caraghioasă și evidentă: „Cum fac să renunț la facultatea de medicină?"

Sau tânărul care ajunge la colegiu și se îndrăgostește de îndrumătoarea lui. Suferă la cel mai mic semn, la fiecare zâmbet sau râs, la cea mai mică posibilitate de a intra în vorbă cu ea și-mi trimite o nuvelă de douăzeci și opt de pagini care se încheie cu întrebarea „Cum fac să o invit în oraș?". Sau mama care și-a crescut singură copiii, iar aceștia, ajunși adulți, zac pe canapeaua ei, îi mănâncă mâncarea, îi cheltuie banii, nu-i respectă spațiul privat sau dorința de intimitate. Ar vrea ca ei să-și trăiască viața. Ar vrea ca *ea* să-și trăiască mai departe viața. Însă e îngrozită de gândul că trebuie să-i dea afară, atât de îngrozită că mă întreabă pe mine: „Cum să-i fac să se mute de-acasă?"

Întrebări din gama cum funcționează acest videorecorder. Din exterior, răspunsul e simplu: închide gura și fă-o.

Dar, din interior, din perspectiva fiecăruia dintre ei, sunt întrebări imposibil de complexe și de obscure — dileme existențiale împachetate în enigme, amestecate într-o găleată KFC plină de cuburi Rubik.

Întrebările din gama cum funcționează acest videorecorder sunt amuzante, răspunsul lor fiind dificil pentru cel măcinat de întrebare, dar evident pentru oricine din exterior.

Problema este durerea. Să completezi formularul de părăsire a școlii medicale e simplu și evident; să le frângi inima părinților tăi nu este. Să inviți o îndrumătoare în oraș e simplu ca bună ziua; perspectiva rușinii apăsătoare și a respingerii e ceva mai complicată. Să-i spui cuiva să plece din casa ta e o decizie ușoară; să trăiești cu sentimentul că ți-ai abandonat copiii nu.

Am luptat cu anxietatea socială toată adolescența și bună parte din viața adultă. În majoritatea zilelor mi-am distras atenția cu jocuri video, iar nopțile mi le-am anesteziat cu băutură și iarbă, ca să-mi alung temerile. Mulți ani mi s-a părut imposibil să vorbesc cu un străin — cu atât mai mult cu străinii atractivi/interesanți/populari/inteligenți. Ani în care am umblat confuz, chinuindu-mă cu întrebări videorecorder stupide:

„Cum? Cum faci să avansezi și să vorbești cu un străin? Cum *poate* orice om să vorbească cu alt om?"

Am avut tot felul de convingeri dezastruoase în sensul acesta, cum ar fi că nu trebuie să vorbești cu cineva dacă nu o faci dintr-un motiv practic sau că o femeie ar putea să mă creadă un violator descreierat doar pentru că îi spun „Bună".

Problema era că îmi defineam realitatea prin emoțiile mele. *Simțind* că oamenii nu vor să vorbească cu mine, am ajuns să *cred* că oamenii nu vor să vorbească cu mine. De aici și întrebarea mea din gama cum funcționează acest videorecorder: „Cum fac un pas în față ca să vorbesc cu cineva?"

Nereușind să separ ce *simt* de ce *sunt*, eram incapabil să ies din mine însumi ca să percep realitatea așa cum este ea: un loc simplu în care doi oameni pot vorbi unul cu celălalt oricând doresc ei.

Majoritatea dintre noi, confruntați cu o formă de durere, furie, tristețe, renunțăm la tot și încercăm să ignorăm ce simțim. Căutăm să „ne simțim bine" din nou, cât mai repede, fie că asta înseamnă substanțe care ne produc dependență, amăgire sau revenirea la valori nepotrivite.

Învățați să suportați suferințele pe care vi le-ați ales. Cu fiecare adoptare a unei valori noi, introduceți o nouă formă de suferință în viața voastră. Delectați-vă cu ea, savurați-o. Întâmpinați-o cu brațele deschise. Apoi acționați *în pofida* ei.

Nu vreau să vă mint: la început va părea extraordinar de greu. Începeți cu ceva simplu. Veți simți că habar n-aveți ce faceți. Dar despre asta am discutat deja: nu știți *nimic*. Nu știți ce mama naibii faceți nici măcar atunci când vi se pare că știți. Serios vorbind, ce aveți de pierdut?

Să fii viu înseamnă să nu știi ce faci, totuși să faci ceva. Așa e *toată* viața. Nu se schimbă niciodată. Nici măcar când ești fericit. Nici măcar când ești în al nouălea cer. Nici măcar când câștigi la loterie și-ți cumperi o mică flotă de Jet-Ski-uri; nici măcar atunci nu știi ce mama naibii faci. Asta să nu uitați niciodată. Și nici frică să nu vă fie vreodată.

Principiul „a face ceva"

În 2008, după ce am renunțat la un loc de muncă după mai puțin de șase săptămâni, am renunțat cu totul la ideea de loc de muncă și am pornit o afacere online. La vremea aceea nu știam absolut deloc ce fac, dar m-am gândit că, dacă tot urma să fiu falit și nefericit, măcar să se întâmple pentru că am încercat să muncesc după regulile mele. Pe lângă asta, mie nu prea-mi păsa de nimic în afară de fete. Așa că, ducă-se, am decis să țin un blog despre nebuneasca mea viață amoroasă.

În prima dimineață ca șomer, teroarea m-a epuizat rapid. M-am trezit cu laptopul în brațe și am înțeles pentru prima oară în viața mea că sunt complet responsabil pentru *toate* deciziile mele și consecințele acestora. Era responsabilitatea mea să învăț web design, marketing online, optimizarea motoarelor de căutare și alte subiecte la fel de ezoterice. Totul apăsa acum pe umerii mei. Așa că am făcut ce ar fi făcut orice tânăr de douăzeci și patru de ani care tocmai a demisionat și habar n-are ce face: am descărcat câteva jocuri video și m-am ferit de muncă la fel ca de virusul Ebola.

Odată cu trecerea săptămânilor și golirea contului bancar, mi-a devenit din ce în ce mai clar că trebuia să găsesc o metodă de-a mă forța să încep să acord câte douăsprezece sau paisprezece ore pe zi pornirii unei afaceri. Metoda a apărut din cel mai neașteptat loc.

Profesorul meu de liceu, domnul Packwood, obișnuia să spună: „Dacă te-ai blocat într-o problemă, nu sta să te gândești la ea; treci la treabă. Nu contează că nu știi ce faci, faptul că o faci e suficient pentru ca la un moment dat să-ți vină ideile bune".

Sfatul profesorului Packwood m-a călăuzit în timpul acelei perioade negre, când fiecare zi era o zbatere, iar eu nu știam ce să fac și eram îngrozit de eventualele rezultate (sau de lipsa lor) ale acțiunilor mele.

Nu zăcea! *Fă* ceva. Răspunsurile vor veni mai târziu.

Aplicarea sfatului domnului Packwood mi-a dat o lecție extrem de importantă despre motivație. O lecție asimilată în decursul a opt ani, dar care mi-a oferit, în lunile acelea înfiorătoare de lansări de produse, de compus articole sfătoase și amuzante, de nopți dormite pe canapelele inconfortabile din casele prietenilor mei, de conturi bancare suprasolicitate și sute de mii de cuvinte scrise (majoritatea nerecitite), poate cea mai importantă învățătură a vieții mele:

Acțiunea nu este doar un efect al motivației; este și sursa acesteia.

Majoritatea dintre noi trecem la acțiune numai după ce a fost depășit un anumit prag sigur de motivație. Iar motivați ne simțim numai când avem suficientă inspirație de natură emoțională. Presupunem că acești pași apar ca o reacție în lanț, pe schema:

Inspirație emoțională — motivație — acțiunea dorită

Când nu te simți motivat și inspirat să faci ceva, presupui că pur și simplu ai mierlit-o. Nu mai ai ce să faci. Ca să aduni suficientă motivație, încât să te ridici de pe canapea și să faci cu adevărat ceva, trebuie să aștepți următorul eveniment emoțional al vieții tale.

Lucrul interesant legat de motivație este că aceasta nu e un simplu lanț cu trei inele, ci o buclă infinită:

Inspirație — motivație — acțiune — inspirație — motivație — acțiune — etc.

Acțiunile tale provoacă mai multe reacții emoționale și inspirație pentru motivarea acțiunilor viitoare. Cu ajutorul acestei informații, ne putem schimba mentalitatea după cum urmează:

Acțiune — inspirație — motivație

Atunci când îți lipsește motivația pentru a efectua o schimbare importantă în viața ta, *fă ceva* — orice, de fapt — și agață-te de reacția produsă de acțiunea ta, pentru că ea te va motiva mai departe.

Eu numesc asta principiul „fă ceva". După ce l-am folosit ca să-mi construiesc afacerea, am început să-l sugerez unor cititori care au venit la mine consternați de propriile întrebări videorecorder: „Cum aplic pentru jobul cutare?" sau „Cum îi spun tipului ăluia că vreau să fiu cu el?" și altele la fel.

În primii ani în care am muncit pentru mine, treceau săptămâni fără să realizez mare lucru, din simplul motiv că eram prea anxios și stresat în legătură cu ce aveam de făcut, fiind mereu ispitit de varianta ușoară a renunțării. Cu toate acestea, am învățat rapid că dacă mă forțam să fac *ceva*, chiar și cele mai mărunte sarcini, sarcinile mai complicate mi se păreau la fel de repede mai ușoare decât până atunci. Dacă trebuia să regândesc o pagină web, mă așezam la lucru cu gândul „OK, azi fac doar sigla". Și când terminam sigla, mă trezeam că m-am apucat și de alte elemente ale paginii. Nici nu-mi dădeam seama când deveneam plin de energie, angajat cu totul în proiect.

Scriitorul Tim Ferriss relata o poveste cu un romancier care scrisese peste șaptezeci de romane. Întrebat cum face să scrie atât de consistent, rămânând la fel de inspirat și de motivat, acesta a răspuns: „Două sute de amărâte de cuvinte pe zi, asta-i tot". Ideea era că, obligându-se să aștearnă pe hârtie două sute de cuvinte zilnic, actul scrierii devenea cel mai adesea un motiv de inspirație în sine, romancierul ajungând să scrie mii de cuvinte.

Când respectăm principiul „fă ceva“, *eșecul* nu mai pare așa de important. Când standardul succesului este acțiunea fără alte condiții — când *orice* rezultat este privit ca progres și considerat important, când inspirația este o recompensă, nu o condiție imperativă — ne propulsăm înainte. Suntem liberi să eșuăm, iar eșecul ne ajută să evoluăm.

Principiul „fă ceva“ nu ne ajută doar să renunțăm la tendința de a tergiversa lucrurile, dar funcționează și ca un proces de adoptare a unor valori noi. Când te găsești în vârtejul unei crize existențiale, când totul pare lipsit de sens — când standardele te-au lăsat baltă și habar n-ai ce urmează, când știi că ți-ai făcut rău urmărind visuri false, ori când știi că există standarde mai bune de evaluare a propriei persoane, dar nu știi cum să le folosești — răspunsul e același:

Fă ceva.

Acel „ceva“ poate fi și cea mai măruntă acțiune viabilă care să te poarte către altceva. Poate fi *orice*.

Accepți că ai fost un bădăran egoist în toate relațiile tale și vrei să arăți mai multă compasiune pentru ceilalți? Fă ceva. Începe cât mai simplu. Fă-ți un scop din a asculta problema cuiva și sacrifică-ți din timp pentru a ajuta persoana respectivă. Fă-o măcar o dată. Sau promite-ți că, data viitoare când te vei supăra, te vei întreba dacă nu ești chiar *tu* sursa tuturor problemelor tale. Încercați și vedeți cum vă simțiți.

Adesea nu e nevoie de mai mult de-atât pentru a porni tăvălugul; este acțiunea care inspiră motivația de-a continua. Poți deveni propria sursă de inspirație. Poți deveni propria sursă de motivație. Acțiunea e mereu la îndemână. Când singurul indicator al succesului este *fă ceva* — atunci și eșecul devine un pas înainte.

Capitolul 8
Importanța de a spune nu

În 2009 mi-am strâns toate bunurile, le-am vândut sau le-am depozitat, am părăsit apartamentul și am plecat spre America Latină. Micul meu blog de sfaturi pentru întâlniri amoroase avea deja ceva trafic și reușeam să adun niște venituri modeste din vânzarea de pdf-uri și cursuri online. Plănuiam să-mi petrec mare parte din următorii câțiva ani în afara granițelor, să cunosc culturi noi și să profit de costurile de viață scăzute din câteva țări în curs de dezvoltare din Asia și America Latină ca să pot să-mi extind afacerea. Visam să fiu un nomad digital și voiam exact ce vrea de la viață un tânăr de douăzeci și cinci de ani, dornic de aventură.

Dar, oricât de atrăgător și de eroic suna planul meu, nu toate valorile care mă îndemnau să adopt un stil nomad de viață erau sănătoase. Sigur, mă bazam și pe o serie de valori lăudabile — dorința intensă de a vedea lumea, curiozitate față de oameni și culturi, aventură în sensul clasic al cuvântului. Doar că totul era subminat de ceva. La vremea aceea nu conștientizam prea mult lucrul ăsta, dar dacă aș fi fost complet sincer cu mine, ar fi trebuit să recunosc că undeva, în străfunduri, pândea și o valoare mai puțin sănătoasă. De văzut, nu o vedeam, dar în momentele de liniște, când eram complet sincer cu mine, o simțeam.

Pe lângă convingerea că totul mi se cuvine care m-a ghidat până la douăzeci și ceva ani, „chestia traumatizantă“ din adolescență m-a lăsat și cu o grămadă de probleme legate de angajament. Ultimii câțiva ani mi i-am petrecut supracompensând inadecvarea și anxietatea socială din anii adolescenței, astfel încât am simțit că mă pot întâlni cu oricine vreau, că mă pot împrieteni cu oricine, că pot iubi pe oricine și mă pot culca cu oricine — așa că de ce să-mi iau angajamente față de un singur om, ba chiar față de un singur grup social, un singur oraș, o singură țară sau o singură cultură? Dacă *pot* experimenta totul în mod egal, atunci *trebuie* să experimentez totul în mod egal, nu?

Înarmat cu acest sentiment grandios de conexiune cu lumea, am străbătut țări și oceane într-un joc de șotron global care a durat mai bine de cinci ani. Am vizitat cincizeci și cinci de țări, mi-am făcut zeci de amici și m-am trezit în brațele a nenumărate iubite — toate înlocuite cu primul prilej, unele uitate deja până la următorul avion către următoarea țară.

O viață stranie, plină atât cu experiențe fantastice care mi-au lărgit orizontul, cât și cu episoade de euforie superficială menite să amorțească suferința latentă. Totul îmi părea deopotrivă de profund și de lipsit de sens, și încă îmi pare. Unele dintre cele mai importante lecții de viață și dintre momentele care mi-au modelat caracterul au avut loc în această perioadă.

Dar tot în această perioadă am simțit și unele dintre cele mai serioase risipe de timp și energie.

Acum locuiesc la New York. Am casă, mobilă, factură la electricitate și o soție. Nimic ieșit din comun sau incitant. Exact cum îmi place. Pentru că, în toți anii de distracție, lecția cea mai importantă pe care am învățat-o din aventura mea e aceasta: libertatea absolută nu înseamnă nimic prin ea însăși.

Libertatea îți garantează accesul la o înțelegere mai profundă a vieții, dar luat în sine nu are neapărat un înțeles special. În cele din urmă, singura cale de a afla sensul și rostul vieții este respingerea alternativelor, *limitarea* libertății, decizia de a te angaja față de un loc, o credință sau (înghit în sec) o persoană.

Asta am înțeles treptat în decursul anilor mei de călătorii. Așa cum se întâmplă cu excesele în viață, până să înțelegi că nu te fac fericit, trebuie să te cam îneci în ele. La fel am pățit eu cu călătoriile. În timp ce mă afundam în țara cu numărul cincizeci și trei, cincizeci și patru, cincizeci și cinci, am început să văd că prea puține dintre experiențele mele, deși incitante și grozave, aveau să-și păstreze timp îndelungat însemnătatea. În timp ce prietenii mei de acasă se așezau la casele lor, se căsătoreau, își cumpărau locuințe și-și dedicau timpul unor subiecte interesante și unor cauze politice, eu treceam dintr-o amăgire în alta.

În 2011, am ajuns în Sankt Petersburg, Rusia. Mâncarea a fost groaznică. Vremea la fel. (Zăpadă în mai? Glumești!) Apartamentul în care am stat, jalnic. Nimic n-a funcționat cum trebuia. Totul la suprapreț.

Oamenii se purtau urât și miroseau ciudat. Nu zâmbea nimeni și se bea pe rupte. Dar mi-a plăcut la nebunie. A fost una dintre excursiile mele favorite.

Cultura rusă are în ea o direcție oarecum supărătoare pentru cei mai mulți occidentali. Acolo nu se aplică falsele bunăvoințe și capcanele verbale ale politeții. Nu zâmbești la străini și nu te prefaci că-ți plac lucruri care de fapt nu-ți plac. În Rusia, dacă ceva e prostie, spui că e o prostie. Unui nemernic îi spui că este nemernic. Când îți place de cineva și te simți minunat, îi spui persoanei cu care ești că o placi și te simți minunat. Nu contează că ți-e prieten, străin sau cineva pe care l-ai cunoscut în urmă cu cinci minute.

În prima săptămână petrecută acolo, toate astea mi se păreau teribil de stânjenitoare. Am ieșit la o cafea cu o rusoaică și după trei minute, fata mă privea amuzată și-mi spunea că tocmai spusesem o stupizenie. Aproape m-am înecat cu băutura. Tonul ei nu avea nimic conflictual; o spunea ca pe un fapt banal — ca pe un comentariu despre vreme sau despre ce număr purta la pantofi —, dar tot m-a șocat. În Vest, sinceritatea de felul acesta e percepută ca profund ofensatoare, în special atunci când abia ai cunoscut pe cineva. Dar acolo așa vorbea toată lumea. Oamenii comunicau la fel de direct tot timpul, astfel că mintea mea de occidental răsfățat simțea că o încasează din toate părțile. Ieșeau la suprafață temeri sâcâitoare în situații în care nu se manifestaseră de ani în șir.

Dar pe măsură ce treceau săptămânile, am început să mă obișnuiesc cu franchețea rusă, tot așa cum m-am obișnuit și cu asfințiturile de la miezul nopții și votca alunecând pe gât ca apa când se topește gheața. Am ajuns să apreciez lucrurile pentru ceea ce erau: exprimare autentică. Sinceritate în cel mai adevărat sens al cuvântului. Comunicare fără condiții, fără plase de siguranță, fără motivații ascunse, fără strădania de-a convinge, fără încercări disperate de a fi plăcut.

Era cumva, după ani de călătorii, locul cel mai puțin american unde simțeam pentru prima dată un gust special al libertății: posibilitatea de a spune orice gândesc sau simt fără teama consecințelor. O formă ciudată de eliberare *prin* acceptarea respingerii. Ca un om privat aproape toată viața lui de un asemenea mod de exprimare directă — mai întâi de o familie care își reprimase emoțiile, apoi de o mască atent construită de falsă încredere — m-am îmbătat cu senzația asta, m-am îmbătat la fel de tare ca la prima beție cu vodcă. Am petrecut în Sankt Petersburg o lună învăluită în ceață, la finalul căreia nu mai voiam să plec.

Călătoriile sunt un instrument fantastic de dezvoltare personală, fiindcă te scot din mediul familiar al valorilor culturii tale și-ți arată cum o altă societate poate trăi cu valori complet diferite și poate funcționa fără ca membrii ei să ajungă să se urască. Expunerea la valori și standarde culturale diferite te forțează să reexaminezi ceea ce părea de la sine înțeles în viața ta, dându-ți ocazia să afli dacă e cel mai benefic stil de viață pentru tine. În cazul de față, Rusia m-a făcut să reevaluez comunicarea falsbinevoitoare și mincinoasă atât de specifică pentru cultura engleză și să mă întreb dacă nu cumva stilul nostru de exprimare ne face mai nesiguri când suntem împreună și ne restrânge accesul la intimitate.

Îmi amintesc că am discutat despre asta cu profesorul meu rus într-o zi, iar el avea o teorie destul de interesantă. Societatea rusă a descoperit, în timpul comunismului, când posibilitățile economice erau egale cu zero și se trăia în cușca unei culturi a fricii, că cea mai valoroasă monedă este încrederea. Pentru a construi relații de încredere trebuie să fii sincer. Adică, dacă lucrurile arată urât, o spui deschis și fără să-ți ceri scuze. Oamenii au adoptat exprimările sincere, poate neplăcute, pentru simplul fapt că erau necesare supraviețuirii — trebuia să știi, cât de repede, pe cine te poți baza și pe cine nu.

Dar în lumea vestică „liberă“, a continuat profesorul meu rus, există o abundență de posibilități economice — sunt atât de multe, că a devenit mult mai convenabil să te prezinți într-o anumită manieră, chiar dacă falsă, decât *să fii* cu adevărat în felul respectiv. Încrederea și-a pierdut valoarea. Aparențele și abilitățile comerciale au devenit formele cele mai avantajoase de exprimare. Să cunoști mulți oameni, chiar dacă superficial, a devenit mai important decât să cunoști puțini, dar bine.

De aceea, a devenit o normă în culturile vestice să zâmbești și să spui lucruri politicoase chiar și când n-ai chef, să spui mici minciuni nevinovate și să fii de acord cu oamenii cu care de fapt nu ești de acord. De asta învață oamenii să se prefacă că sunt prieteni cu oameni de care nu le place și să cumpere lucruri care nu le plac. Înșelătoria este susținută de sistemul economic.

Partea proastă, în Vest, este că nu poți avea niciodată încredere totală în omul cu care vorbești. Uneori nici măcar în prieteni apropiați sau în familie. Presiunea de a fi plăcut de către ceilalți, caracteristică societății occidentale, îi face pe oameni să-și reconfigureze uneori întreaga personalitate în funcție de persoana din fața lor.

Respingerea îți face viața mai bună

Ca o prelungire a culturii noastre înclinate spre consum și o atitudine pozitivă, mulți dintre noi am fost „îndoctrinați“ cu credința că trebuie să fim, implicit, pe cât de toleranți și deschiși cu putință. Asta e piatra de temelie a multora dintre cărțile de așa-zisă gândire pozitivă: deschide-te în fața posibilităților, acceptă, spune da oricui și la orice și așa mai departe.

Dar ceva tot *trebuie* să respingem. Altfel, nu mai trăim pentru nimic. Dacă absolut tot ce există e la fel de bun și trezește în noi dorința de a-l avea, suntem goi pe dinăuntru și viața e lipsită de sens. Nu avem valori, așa că trăim fără niciun scop.

Adesea ni se spune că dacă vom evita respingerea (dacă putem evita să fim respinși și să respingem), ne vom simți mai bine. Desigur, asta ne oferă plăcere pe termen scurt, dar ne dezorientează și ne lasă fără direcție pe termen lung.

Pentru a aprecia cu adevărat ceva, trebuie să te limitezi la acel ceva. Există o anumită bucurie și o înțelegere profundă la care ajungi doar după ce ai petrecut zeci de ani investind într-o singură relație, o singură pasiune, o singură carieră. Dar asta înseamnă ca zeci de ani să respingi celelalte variante.

Atunci când îți alegi valorile, respingi alternativele. Dacă aleg ca mariajul să fie o parte importantă a vieții mele, înseamnă că (probabil) am decis că orgiile cu prostituate și cocaină *nu* sunt o parte importantă a vieții mele. Dacă aleg să mă evaluez în funcție de capacitatea mea de-a avea relații deschise și sincere, atunci voi respinge orice tentație de a-i vorbi de rău pe la spate pe prietenii mei. Decizii sănătoase, dar care presupun să-mi limitez foarte mult alegerile.

Ideea e următoarea: pentru a *prețui* ceva, trebuie să ne pese de *ceva*. Iar pentru a prețui ceva, trebuie să respingem tot ce *nu* este acel ceva. Dacă prețuim X, respingem non-X.

Respingerea este o parte inerentă și necesară a menținerii valorilor și, prin urmare, a identității noastre. Ne definim prin ceea ce respingem. Dacă nu respingem nimic (poate și din frica de-a nu fi respinși la rândul nostru), practic nu avem identitate.

Dorința de a evita cu orice preț respingerea, confruntarea și conflictul, dorința de-a accepta totul în mod egal și de a nivela și armoniza totul, este o formă subtilă prin care simțim că ni se cuvine totul. Oamenii care au convingerea că li se cuvine totul, simțind că *merită* să se simtă bine mereu, nu-și limitează alegerile, fiindcă asta i-ar putea face pe ei sau pe alții să se simtă prost. Refuzând să spună nu, trăiesc o viață fără sens, motivată de plăceri, și se concentrează doar pe propria persoană. Nu-i interesează decât să întrețină un pic mai mult momentele euforice, să evite eșecurile inevitabile ale vieții, să pretindă că nu suferă.

Să înveți să spui nu este o condiție esențială în viață. Nimeni nu vrea să rămână blocat într-o relație care nu-l face fericit. Nimeni nu vrea să fie blocat într-un loc de muncă pe care îl urăște și în care nu crede. Nimeni nu vrea să trăiască cu sentimentul că nu poate să spună ce vrea cu adevărat.

Și totuși, oamenii aleg lucrurile acestea. Tot timpul.

Sinceritatea este o nevoie umană naturală. Însă, pentru a fi sinceri, trebuie să ne obișnuim să spunem și să auzim „nu". Privită așa, respingerea ne îmbunătățește relațiile și ne ajută să avem o viață emoțională mai sănătoasă.

Limite

Au fost odată doi tineri, un băiat și o fată. Familiile lor se urau. Dar băiatul, pentru că era cam neobrăzat, s-a furișat la o petrecere dată de părinții fetei. Fata îl remarcă și se simte atât de emoționată de prezența lui, că se îndrăgostește de el. Din senin. Băiatul se furișează în grădina ei și cei doi plănuiesc să se căsătorească *a doua zi*, deoarece, cum altfel, așa e cel mai practic, în special în condițiile în care părinții voștri vor să se căsăpească unii pe ceilalți. Să sărim peste câteva zile. Părinții află de căsătorie și se înfurie. Moare Mercutio. Fata se supără atât de tare că bea o poțiune care o adoarme pentru două zile. Dar, din nefericire, proaspeții însurăței încă n-au învățat ce înseamnă să comunici cu adevărat într-o căsnicie, astfel că fata uită pur și simplu să-și informeze proaspătul soț în privința acestui aspect. Prin urmare, tânărul confundă coma autoindusă a soției cu suicidul. Își pierde mințile complet și *se* sinucide, gândindu-se că vor fi împreună în viața de după sau vreo nebunie din asta. Fata se trezește după două zile de comă, află că soțul s-a sinucis și-i vine exact aceeași idee. Se sinucide. Sfârșit.

În cultura noastră contemporană, *Romeo și Julieta* e sinonim cu romantismul. În culturile de limbă engleză, e considerată povestea de dragoste prin excelență, idealul emoțional la înălțimea căruia trebuie să ne ridicăm. Dar când înțelegi ce se întâmplă de fapt în povestea asta, îți dai seama că puștii ăștia doi erau nebuni de legat. S-au și sinucis ca să demonstreze asta!

Mulți specialiști în literatură sunt de părere că Shakespeare nu a scris *Romeo și Julieta* ca să celebreze dragostea, ci ca s-o satirizeze, să arate cât de inconștientă este. Nu și-a propus ca piesa să fie o glorificare a iubirii. Ba dimpotrivă: un mare semn de avertizare, NU TRECEȚI, înconjurat de bandă izolatoare pusă de poliție.

De-a lungul istoriei, dragostea romantică n-a fost celebrată la fel ca azi. De fapt, până la jumătatea secolului al nouăsprezecelea, dragostea era considerată un obstacol psihologic inutil, ba chiar posibil periculos, în calea lucrurilor mai importante din viață — cum ar fi să-ți gospodărești bine pământul sau să te căsătorești cu un bărbat cu multe oi. Tinerii erau adesea forțați să nu se lase amăgiți de pasiunile romantice, în favoarea unor aranjamente de ordin practic prin care să asigure stabilitate lor și familiilor lor.

Azi suntem absolut înnebuniți după demența asta numită iubire. E o dominantă a culturii noastre. Cu cât mai dramatic, cu atât mai bine. Că e Ben Affleck încercând să distrugă meteoritul care se îndreaptă spre Pământ și spre iubita lui; Mel Gibson care omoară sute de englezoi și fantazează la soția violată și ucisă în timp ce este torturat până moare; sau gagica aia, Elven, din *Stăpânul Inelelor*, care renunță la nemurire ca să fie cu Aragorn; sau mai știu eu ce comedie romantică stupidă în care Jimmy Fallon nu se duce la un meci important al celor de la Red Sox din cauză că Drew Barrymore are niște *nevoi* sau ceva de genul ăsta.

Dacă acest tip de dragoste romantică ar fi cocaină, atunci cultura noastră ar fi un fel de Tony Montana din *Scarface*: ne îngropăm capul în munți de praf, strigând „Spuneți-i salut miii-cului meu prieten!".

Problema e că tocmai descoperim că iubirea romantică seamănă foarte mult cu cocaina. Adică, seamănă înfricoșător de tare. În sensul că stimulează aceleași părți ale creierului. Îți dă o stare de euforie și te ajută să te simți bine o perioadă, dar creează cel puțin tot atâtea probleme câte rezolvă, așa cum face și cocaina.

Multe dintre elementele iubirii romantice la care râvnim — manifestările de afecțiune amețitoare și dramatice, talmeș-balmeșul de ridicări și căderi — nu sunt expresii autentice și sănătoase ale iubirii. În realitate, sunt doar noi forme ale convingerii că ni se cuvine totul, convingere care se insinuează în relațiile dintre oameni.

Știu: sună deprimant ce spun. Pe bune, ce fel de om e ăla care aruncă la coș iubirea romantică? Dar ascultați-mă până la capăt.

Adevărul e că iubirea cunoaște atât forme sănătoase, cât și nesănătoase. Iubirea e nesănătoasă atunci când doi oameni încearcă să scape de problemele lor prin sentimentele pe care le au unul față de celălalt — adică se folosesc de celălalt ca să evadeze. Iubirea e sănătoasă atunci când cei doi își recunosc problemele și le abordează cu susținerea celuilalt.

Diferența dintre iubirea sănătoasă și cea nesănătoasă se rezumă la două aspecte: 1) cât de bine își asumă fiecare responsabilitatea și 2) disponibilitatea fiecăruia de-a fi respins și de a-și respinge partenerul.

Orice relație nesănătoasă sau toxică implică un simț slab al responsabilității, în cazul ambilor parteneri, precum și o incapacitate de a accepta și/sau de a răspunde prin respingere. Într-o relație de iubire sănătoasă cei doi știu care sunt limitele dintre ei și valorile lor, dar sunt dispuși și să respingă sau să fie respinși la un moment dat.

Prin „limite“ mă refer la delimitarea dintre responsabilitățile fiecăruia față de problemele proprii. Persoanele implicate în relații sănătoase, unde există legături puternice, își asumă responsabilitatea față de propriile valori și probleme, nu față de valorile și problemele partenerului. Cei implicați în relații toxice, în care limitele sunt vagi sau inexistente, vor evita, de regulă, să-și asume responsabilitatea propriilor probleme și/sau își vor asuma responsabilitatea problemelor partenerului.

Cum arată o situație cu limite neclare? Iată câteva exemple:

„Nu ai cum să ieși cu prietenii tăi fără mine. Știu cât de gelos sunt. Trebuie să rămâi acasă, cu mine.“

„Colegii mei de lucru sunt niște idioți; mereu întârzii la întâlniri pentru că trebuie să le spun cum să-și facă treaba.“

„Nu pot să cred că m-ai făcut să mă simt atât de prost în fața surorii mele. Să nu mai faci niciodată asta!“

„Mi-ar plăcea să obțin slujba aia din Milwaukee, dar mama nu m-ar ierta niciodată dacă mă mut atât de departe.“

„Pot să ies cu tine, dar nu aș vrea să afle prietena mea, Cindy. Devine foarte nesigură pe ea când eu am prieten și ea nu.“

În cazurile de mai sus, persoanele respective ori își asumă responsabilitatea pentru probleme/emoții care nu sunt ale lor, ori cer altcuiva să-și asume responsabilitatea pentru emoțiile/problemele lor.

Cei care au convingerea că li se cuvine totul pică de obicei într-una din cele două capcane în relațiile lor. Fie așteaptă din partea celuilalt să-și asume responsabilitatea față de probleme *lor*: „Eu îmi doream un weekend drăguț și relaxant acasă. Trebuia să știi asta și să-ți anulezi planurile". Fie devin prea responsabili față de problemele celuilalt: „Și-a pierdut din nou locul de muncă, dar cred că e din vina mea, pentru că nu am susținut-o cât aș fi putut. O s-o ajut mâine să scrie un nou CV."

Persoanele care au convingerea că li se cuvine totul adoptă aceste strategii în relații, la fel ca în orice, pentru că așa pot evita responsabilitatea propriilor probleme. De aici rezultă relații fragile și false, născute din tendința de a evita suferința, nu din aprecierea și prețuirea autentică a partenerului.

Asta se aplică nu doar relațiilor romantice, ci și relațiilor de familie și prieteniilor. O mamă prea autoritară s-ar putea să-și asume responsabilitatea pentru toate problemele din viața copiilor ei. Le va transmite asta copiilor, iar aceștia se vor maturiza crezând că alții trebuie să fie responsabili pentru problemele lor.

(Din acest motiv, problemele din relațiile romantice întotdeauna seamănă cumva în mod ciudat cu problemele din relațiile dintre părinți și copii.)

Când responsabilitatea pentru emoțiile și acțiunile tale are aspecte neclare — adică nu știi limpede cine e responsabil pentru ce, a cui e vina, de ce faci ceea ce faci — nu vei ajunge niciodată să ai valori sănătoase. Să-ți faci partenerul fericit *devine* singura ta valoare. Sau partenerul să te facă fericit *devine* singura ta valoare.

Iar asta îți subminează relația, desigur. Relațiile în care lucrurile sunt neclare se izbesc de pământ ca *Hindenburg*, cu toată drama și artificiile aferente.

Oamenii nu-ți pot rezolva problemele în locul tău. Nici n-ar trebui să încerce, pentru că nu te vor face fericit prin asta. La fel cum nici tu nu le poți rezolva altora problemele, întrucât asta nu-i va face fericiți. Când partenerii caută să se simtă bine rezolvând problemele celuilalt, e semn că relația va fi un dezastru. Într-o relație sănătoasă, partenerii își rezolvă singuri problemele, pentru a se simți mai bine unul cu celălalt.

Stabilirea unor limite nu înseamnă că nu-ți susții partenerul și nu-l lași să te ajute și să te susțină. Trebuie să vă susțineți unul pe celălalt. Dar numai atunci când tu *alegi* să susții și să fii susținut. Nu pentru că te simți obligat sau crezi că ai dreptul ăsta.

Oamenii care cred că au acest drept îi acuză pe ceilalți pentru propriile emoții și comportamente deoarece speră că rolul de victimă le va aduce într-o zi un salvator, unul care le va oferi dragostea pe care și-au dorit-o dintotdeauna.

Oamenii care își asumă responsabilitatea față de emoțiile și acțiunile celorlalți fac asta pentru că speră să-l „repare" pe partener sau să-l salveze, iar apoi acesta le va oferi dragostea și aprecierea pe care și le-a dorit dintotdeauna.

Acestea sunt yin și yang-ul oricărei relații toxice: victima și salvatorul, cel care stârnește focul, pentru că asta îl face să se simtă important, și cel care stinge focul, pentru că asta îl face să se simtă important.

Aceste tipuri umane sunt puternic atrase unul de celălalt, de cele mai multe ori sfârșind împreună. Patologiile lor diferite se potrivesc de minune. De multe ori, au crescut cu niște părinți care manifestau fiecare semnele uneia dintre tendințe. Pentru copiii lor, modelul de relație „sănătoasă" e cel bazat pe pretenții de la partener și limite vagi.

Din nefericire, cei doi nu reușesc să satisfacă nevoile reale ale celuilalt. Mai mult, tiparul de acuzații exagerate și acceptare a acuzațiilor perpetuează convingerea că pot revendica orice și stima de sine scăzută ce i-a împiedicat de la bun început să-și satisfacă nevoile emoționale. Victima va crea noi și noi probleme — nu pentru că ar fi reale, ci pentru că îi aduc atenția și afecțiunea după care tânjește. Salvatorul va rezolva la infinit — nu pentru că îi pasă de problemele respective, ci pentru că e convins că merită să primească atenție și afecțiune doar dacă face asta. Intențiile, în ambele cazuri, sunt egoiste și condiționate, așadar, subminând relația și lăsând prea puțin loc iubirii autentice.

Victima, dacă l-ar iubi cu adevărat pe salvator, ar spune, „Știi, asta e problema mea; nu trebuie să o rezolvi tu în locul meu. Doar susține-mă să o rezolv singur". Asta ar fi o *adevărată* dovadă de iubire: să-ți asumi responsabilitatea față de propriile probleme, nu să i-o pasezi partenerului.

Dacă salvatorul ar vrea cu adevărat să salveze victima, i-ar spune: „Uite ce e, îi acuzi pe ceilalți pentru problemele tale; rezolvă-le singur". Ușor deplasat, dar abia asta ar fi o *adevărată* dovadă de iubire: să-l ajuți pe celălalt să-și rezolve singur problemele.

În schimb, victima și salvatorul se folosesc unul de celălalt pentru a-și procura momente de euforie. Ca doi dependenți ce-și satisfac reciproc nevoile. Ironia face că atunci când întâlnesc oameni sănătoși din punct de vedere emoțional, de obicei se simt plictisiți sau nu simt „chimia". Îi ignoră pe cei sănătoși emoțional, siguri pe ei, întrucât aceștia au limite solide, insuficient de „excitante" pentru nevoile persoanei care simte că poate avea orice pretenții.

Pentru victime, cel mai greu e să-și asume responsabilitatea propriilor probleme. Și-au petrecut întreaga viață crezând că alții sunt responsabili pentru soarta lor. Primul pas în asumarea responsabilității îi sperie de moarte.

Pentru salvatori, cel mai greu este să se oprească din a-și mai asuma responsabilitatea față de problemele celorlalți. O viață întreagă s-au simțit apreciați și iubiți doar când au salvat pe cineva — renunțarea la această nevoie e la fel de terifiantă.

Când faci un sacrificiu pentru cineva drag, o faci pentru că vrei, nu pentru că te simți obligat sau te temi de consecințe. Când partenerul face un sacrificiu pentru tine, să-l facă pentru că așa a vrut, nu pentru că l-ai manipulat prin furie sau vinovăție. Acțiunile din iubire sunt valide doar atunci când nu vin la pachet cu condiții sau așteptări.

Unora dintre noi s-ar putea să le pară dificil să recunoască diferența dintre a face ceva din obligație și a face ceva în mod voluntar. Iată testul suprem: întrebați-vă „Dacă refuz să fac cutare lucru, cum schimbă asta relația noastră?“. Dar, totodată, întrebați-vă și „Dacă partenerul meu refuză să facă ce vreau eu, cum schimbă asta relația noastră?“.

Dacă răspunsul implică drame exagerate și farfurii sparte, e semn rău pentru relație. Este indiciul unei relații condiționate — bazate pe beneficii reciproce superficiale, nu pe acceptarea necondiționată a celuilalt (împreună cu problemele sale).

Oamenii cu limite clare nu se tem de ieșiri temperamentale, de certuri sau de posibilitatea de-a fi răniți. Cei cu limite neclare se tem de lucrurile astea și caută întotdeauna să-și ajusteze comportamentul după suișurile și coborâșurile degringoladei lor emoționale.

Oamenii cu limite clare înțeleg că este nerezonabil să te aștepți ca doi oameni să se potrivească 100% și să-și satisfacă reciproc toate nevoile. Oamenii cu limite clare înțeleg că s-ar putea să-i rănească uneori pe ceilalți, dar că în cele din urmă nu au control asupra sentimentelor altora. Oamenii cu limite clare înțeleg că o relație sănătoasă nu înseamnă să-i controlezi emoțiile celuilalt, ci să-ți susții partenerul în evoluția sa și în rezolvarea problemelor sale.

Important nu e să-ți pese de orice îi pasă partenerului, ci să-ți pese de el indiferent care sunt îngrijorările sale. Dragilor, asta e iubire necondiționată.

Cum să construiești încredere

Soția mea e una din femeile acelea care petrec mult timp în fața oglinzii. Îi place să arate bine, și mie îmi place la fel de mult când arată bine (evident).

În serile în care ieșim în oraș, ea iese din baie după o oră de machiaj/haine/păr/orice-fac-femeile-acolo și mă întreabă cum arată. De obicei, arată splendid. Din când în când, însă, arată cam nasol. Poate a încercat o nouă coafură sau și-a pus niște cizme pe care un creator de modă entuziast din Milano le consideră ultimul răcnet. Orice ar fi — nu funcționează.

Când îi spun asta, de regulă se enervează. Se întoarce la dulap sau la baie ca să-și refacă ținuta și să mai adauge treizeci de minute de întârziere, mârâind tot felul de cuvinte din patru litere, din care câteva nimeresc direct în mine.

În situații de tipul acesta, pentru a nu-și supăra soția sau iubita, bărbații aleg să mintă. Eu nu. De ce? Pentru că în relația mea e mai important să fiu sincer decât să mă simt bine tot timpul. Ultima persoană față de care ar trebui să mă cenzurez e femeia pe care o iubesc.

Din fericire, sunt căsătorit cu o femeie care e de acord cu filosofia asta și e dispusă să audă gândurile mele necenzurate. La rândul ei, e la fel de sinceră cu prostiile mele, ceea ce eu consider a fi una dintre cele mai importante calități ale sale ca partener. Sigur, orgoliul meu suferă, iar eu mă tânguiesc, mă plâng și caut să o conving, dar după câteva ore revin bosumflat la ea și recunosc că a avut dreptate. Să fiu al naibii dacă nu mă ajută să fiu un om mai bun, deși uneori urăsc ce-mi spune.

Când principala noastră prioritate este să ne simțim bine tot timpul sau să-l facem pe celălalt să se simtă bine tot timpul, în cele din urmă nu se mai simte nimeni bine. Iar relația se destramă înainte să ne dăm seama.

Fără conflict, nu poate exista încredere. Conflictele apar pentru ca noi să înțelegem cine e alături de noi necondiționat și cine urmărește doar niște beneficii. Nimeni nu are încredere într-un om disponibil întotdeauna. Dacă ar fi fost aici Panda Incomodul, el v-ar fi spus că într-o relație, suferința joacă rolul agentului care cimentează încrederea reciprocă și creează o intimitate mai profundă.

O relație este sănătoasă atunci când partenerii sunt dispuși și capabili să spună și să audă nu. În lipsa refuzului și a respingerilor ocazionale, limitele devin confuze, iar problemele și valorile unuia ajung să le domine pe ale celuilalt. Conflictul, așadar, nu este doar normal, ci *absolut necesar* în menținerea unei relații sănătoase. Dacă doi oameni apropiați nu pot tranșa deschis și răspicat diferențele de opinie, atunci relația se bazează pe manipulare și denaturare și va deveni în cele din urmă toxică.

Încrederea este ingredientul cel mai important într-o relație, din simplul motiv că, în absența încrederii, o relație nu prea *înseamnă* nimic. Indiferent cât ți-ar spune un om că te iubește, că vrea să fie cu tine, că ar renunța la tot pentru tine, tu nu vei beneficia de pe urma acestor declarații decât în momentul în care vei avea încredere în omul respectiv. Nu simți că ești iubit decât în momentul în care ai încredere că iubirea exprimată în direcția ta vine fără condiții sau bagaj emoțional.

Iată de ce înșelatul are consecințe atât de dezastruoase. Nu e vorba despre sex. E vorba despre încrederea care rămâne distrusă în urma unei aventuri sexuale. Relația nu va putea funcționa fără încredere. Așa că, ori reconstruiți încrederea, ori vă luați la revedere.

Primesc frecvent mesaje de la oameni înșelați de partenerii lor, dar care vor să continue relația și se întreabă cum ar putea avea din nou încredere. Rămasă fără încredere, îmi spun ei, relația pare o povară, o amenințare ce trebuie monitorizată și luată la întrebări, nu o bucurie.

Problema e că majoritatea celor prinși cu mâța-n sac se scuză și servesc discursul cu „Nu se va mai întâmpla niciodată" și cu asta basta, de parcă penisurile ajung în anumite orificii pur și simplu accidental.

Mulți dintre cei înșelați acceptă acest tip de răspuns la prima mână și nu-și mai pun întrebări referitoare la valorile și frecușurile partenerului (aici gluma a fost intenționată); nu se întreabă dacă valorile și prioritățile partenerului fac din acesta persoana potrivită pentru ei. Sunt atât de preocupați de menținerea relației că nu reușesc să vadă că relația a devenit o gaură neagră care le consumă respectul de sine.

Oamenii înșală deoarece pentru ei există ceva mai important decât relația. Poate fi vorba despre puterea asupra celorlalți. De validare prin sex. Poate că cedează în fața impulsurilor. Orice ar fi, e limpede că valorile celui care înșală nu sunt aliniate spre susținerea unei relații sănătoase. În cazul în care cel care înșală nici măcar nu recunoaște sau nu încearcă să-și rezolve problema și servește vechea poveste cu „Nu știu unde mi-a fost capul; eram stresat și beat și ea era pur și simplu acolo", atunci îi lipsește o conștientizare de sine serioasă, esențială rezolvării problemelor dintr-o relație.

Cei care înșală trebuie să se apuce să-și analizeze straturile propriei conștiințe, ca în metafora decojirii cepei, pentru a afla ce valoare dubioasă îi face să calce în picioare încrederea dintr-o relație (și dacă de fapt mai prețuiesc vreun pic relația în discuție). Ei trebuie să fie capabili să afirme: „Știi ceva: sunt un egoist. Îmi pasă mai mult de mine decât de relație; ba ca să fiu sincer, nici nu prea respect relația asta". Dacă partenerul care a înșelat nu-și poate exprima valorile de doi bani și nu poate să renunțe la ele, atunci nu există niciun motiv pentru care cineva să aibă încredere în el. Și dacă nu se poate avea încredere în el, relația nu se poate îmbunătăți sau schimba.

Celălalt factor implicat în refacerea încrederii distruse e de natură practică: faptele. Cuvintele ajută când cineva îți înșală încrederea; dar vei avea nevoie să vezi fapte concrete și dovezi clare că și-a schimbat comportamentul. Doar atunci vei începe să crezi că valorile celui care te-a înșelat sunt acum realiniate corespunzător și persoana se va schimba cu adevărat.

Din nefericire, în cazul încrederii, aceasta se redobândește în timp — cu siguranță e nevoie de mai mult timp decât a fost necesar pentru distrugerea încrederii. În plus, în perioada de refacere se vor întâmpla lucruri destul de urâte. De aceea e important ca ambii parteneri să fie conștienți de lupta pe care au ales s-o ducă.

Am folosit exemplul relațiilor romantice, dar aceste condiții se aplică oricărui tip de relație. Încrederea distrusă poate fi refăcută doar dacă sunt respectați următorii doi pași: 1) cel care a înșelat recunoaște care sunt adevăratele valori care au dus la asta și își asumă comportamentul și 2) cel care a înșelat construiește, în timp, dovezi solide comportament corect. În caz că primul pas nu se produce, reconcilierea nici nu trebuie încercată.

Încrederea e ca porțelanul chinezesc. După ce l-ai spart o dată, s-ar putea să-l poți reface, cu grijă și atenție. Dar dacă îl mai spargi o dată, se va împrăștia în mai multe bucăți și-ți va fi deja mult mai greu să-l repari. Cu cât îl spargi mai des, cu atât se fărâmițează în mai multe bucăți și devine mai imposibil de reparat. Prea multe cioburi și prea mult praf.

Libertate prin angajament

Cultura de consum se pricepe de minune să ne facă să vrem tot mai mult și mai mult, și mai mult. Campaniile publicitare și marketingul se bazează pe ideea subînțeleasă că mai mult înseamnă întotdeauna mai bine. Am înghițit și eu ani buni chestia asta. Fă mai mulți bani, vizitează mai multe țări, adună mai multe experiențe, fii cu mai multe femei.

Dar mai mult nu înseamnă întotdeauna mai bine. De fapt, e chiar invers. Adesea suntem mai fericiți cu mai puțin. Când suntem asaltați de posibilități și opțiuni, suferim de ceea ce psihologii numesc paradoxul alegerii. Pe scurt, cu cât avem mai multe opțiuni, cu atât suntem mai puțin satisfăcuți cu ce alegem, fiindcă suntem conștienți de opțiunile pe care astfel s-ar putea să le pierdem.

Când trebuie să-ți alegi o casă și ai două variante, vei avea încredere în ce ai ales. Vei fi mulțumit de decizia ta.

Dar dacă ai de ales între douăzeci și opt de variante, paradoxul alegerii spune că vei petrece ani buni punându-ți tot felul de întrebări chinuitoare, criticându-te, neștiind dacă ai luat decizia „corectă" și dacă-ți sporești șansele la fericire. Această anxietate și dorința de avea certitudini, de a fi perfect și de a avea succes te vor face nefericit.

Și cum am putea schimba lucrurile? Păi, dacă sunteți cum eram eu, evitați să alegeți ceva. Încercați să mențineți posibilitățile deschise cât mai mult. Evitați angajamentul.

Investiția totală într-o persoană, un loc, o carieră, o activitate ne împiedică să avem toate experiențele pe care ni le dorim, dar căutând să avem experiențe cât mai diverse pierdem ocazia de a cunoaște beneficiile unor experiențe mai profunde. Există experiențe pe care le poți avea *doar* după cei ai trăit în același loc cinci ani, ai fost cu același partener mai mult de zece ani, ți-ai perfecționat jumătate din viață același talent sau abilitate. Acum, după ce am trecut de treizeci de ani, înțeleg în cele din urmă că, în felul său, angajamentul oferă o multitudine de oportunități și experiențe pe care altfel nu le-aș fi avut, indiferent unde aș fi mers și ce-aș fi făcut.

Când urmărești să acumulezi cât mai multe experiențe, fiecare aventură, persoană sau lucru nou îți aduc din ce în ce mai puțină satisfacție. Prima țară pe care o vizitezi când încă n-ai ieșit niciodată din țara ta și n-ai niciun termen de comparație îți schimbă profund percepția. După ce ai vizitat douăzeci de țări, a douăzeci și una nu te mai impresionează prea mult. Când ai vizitat cincizeci de țări, a cincizeci și una aproape că nu te mai impresionează deloc.

Același principiu se aplică și posesiunilor materiale, banilor, hobby-urilor, prietenilor, partenerilor romantici/sexuali — toate valorile jalnice pe care și le aleg oamenii. Cu cât înaintezi în vârstă și devii mai experimentat, experiențele noi te afectează din ce în ce mai puțin. Prima dată când m-am îmbătat la o petrecere a fost incitant. A suta oară a fost amuzant. A cinci suta oară a fost doar un weekend normal. A mia oară a fost ceva plictisitor și cu totul lipsit de importanță.

Pentru mine, în ultimii ani, provocarea cea mai mare a fost să-mi exersez abilitatea de a-mi lua un angajament. Am ales să resping totul în afară de oamenii cei mai de calitate, de experiențele și de valorile cele mai importante din viața mea. Am oprit toate proiectele de afaceri și m-am concentrat numai asupra scrisului. De atunci, pagina mea web a devenit mai populară decât mi-am imaginat. Mi-am luat angajamentul față de o singură femeie pe termen lung și, spre surpriza mea, chestia asta mă satisface mai mult decât toate aventurile, întâlnirile și escapadele de-o noapte din trecut. M-am stabilit într-un singur loc geografic și am pariat pe câteva prietenii profunde, autentice, sănătoase.

Am descoperit ceva cu totul paradoxal: angajamentul îți oferă libertate și îți dă un sentiment de eliberare. Respingând diversele variante dintre care puteam să aleg și concentrându-mă pe un singur scop, adică doar pe acele lucruri pe care le-am considerat cele mai importante pentru mine, am descoperit *mai multe* oportunități și avantaje.

Angajamentul îți oferă libertate pentru că nu mai ești distras de lucrurile mărunte și frivole. Este eliberator pentru că îți stimulează atenția și capacitatea de concentrare, orientându-le spre ceea ce te face fericit. Angajamentul te ajută să iei decizii mai ușor și nu-ți mai e teamă că ratezi ceva important; când știi că ce ai deja e suficient de bun, de ce te-ai mai complica să alergi după mai mult, mai mult, mai mult? Angajamentul îți permite să te concentrezi pe câteva scopuri importante și să ai parte de mai mult succes decât ai avut înainte.

În acest sens, refuzând să avem mai multe variante dintre care să alegem ne eliberează — nu ne mai simțim împovărați dacă respingem ceea ce nu se aliniază valorilor noastre celor mai importante, standardelor alese de bunăvoie, dacă ne oprim din a căuta neîncetat experiențe diverse, dar superficiale.

Sigur, în tinerețe e necesar și util să ai tot felul de experiențe — în definitiv, e important să ieși în lume și să descoperi care sunt lucrurile în care merită să investești. Dar aurul e îngropat la adâncime. Trebuie să rămâi devotat față de ceva și trebuie să sapi în profunzime. Se aplică relațiilor, carierei, construirii unui stil de viață minunat — se aplică în orice.

Capitolul 9
...iar apoi mori

„Caută-ți adevărul și ne vom întâlni acolo."

Sunt ultimele cuvinte pe care mi le-a adresat Josh. Le-a spus pe un ton ironic, încercând să pară profund și în același timp să-i ia peste picior pe cei care încearcă să pară profunzi. Era beat și drogat. Și un bun prieten.

Momentul cu cel mai puternic impact din viața mea și care m-a transformat radical l-am trăit când aveam nouăsprezece ani. Prietenul meu, Josh, m-a luat cu el la o petrecere organizată pe malul unui lac, la nord de Dallas, Texas. Erau niște căsuțe pe un deal, sub deal o piscină, iar după piscină o stâncă de pe care vedeai lacul. Stânca era mică, să fi avut vreo nouă metri — suficient de înaltă cât să te gândești de două ori dacă vrei să sari de pe ea, dar suficient de mică încât să o faci, în combinația potrivită de alcool și amici care te îndeamnă.

La puțin timp după ce am ajuns acolo, stăteam cu Josh în piscină, beam bere și vorbeam ca doi tineri chinuiți de angoasă existențială ce eram. Vorbeam despre băutură, formații, fete și toate chestiile mișto pe care le făcuse Josh în timpul verii, de când renunțase la școala de muzică. Ne gândeam să înființăm o formație și să ne mutăm la New York — un vis imposibil pe atunci.

Eram doar niște puști.

„E sigur dacă sar de-acolo?“, l-am întrebat după o vreme, arătând cu capul în direcția stâncii care domina lacul.

„Mda“, a răspuns Josh, „se sare tot timpul de-acolo.“

„Sari și tu?“

A ridicat din umeri. „Poate. Mai vedem.“

Mai târziu în cursul serii, fiecare și-a văzut de ale lui. Eu m-am lăsat agățat de o asiatică drăguță, împătimită de jocurile video, la fel ca mine, ceea ce pentru un adolescent tocilar, ca mine, era totuna cu a câștiga la loterie. N-o interesam câtuși de puțin, dar era prietenoasă și mă lăsa să vorbesc. Așa că am vorbit. După câteva beri, mi-am făcut curaj să-i propun să urce cu mine la căsuță ca să luăm ceva de mâncare. A fost de acord.

Pe când urcam dealul, ne-am întâlnit cu Josh, care cobora. L-am întrebat dacă vrea să mănânce, dar a refuzat. L-am întrebat unde îl găsesc mai târziu. A zâmbit și mi-a spus: „Caută-ți adevărul și ne vom întâlni acolo“.

Am scuturat din cap cu o expresie serioasă. „Sigur, ne vedem acolo“, am răspuns, de parcă toată lumea știa unde se găsește adevărul și cum să ajungă la el.

Josh a râs și a coborât dealul spre stâncă. Am râs și eu și am continuat să urc spre căsuță.

Nu-mi amintesc cât am rămas înăuntru. Îmi amintesc doar că în momentul în care am ieșit, împreună cu fata cu care urcasem, dispăruse toată lumea și se auzeau sirene. Piscina era goală. Oamenii alergau în josul dealului, spre malul de sub stâncă. Unii erau deja lângă apă. Am observat doi tipi care înotau prin preajmă. Era întuneric și nu vedeam mare lucru. Muzica se auzea în continuare, deși nu mai asculta nimeni.

M-am grăbit și eu spre mal, nebănuind încă nimic, mușcând din sendviș, curios să aflu de ce se strânsese lumea acolo. La jumătatea drumului, amica mea asiatică mi-a spus, „Cred că s-a întâmplat ceva groaznic".

Când am ajuns la baza dealului, am întrebat de Josh. Nu mi-a răspuns nimeni. Păreau să nu mă audă. Toată lumea se holba la apă. Am întrebat din nou, moment în care o fată a izbucnit într-un plâns incontrolabil.

Atunci am înțeles.

Trei ore le-a luat scafandrilor până au găsit corpul neînsuflețit al lui Josh pe fundul lacului. Autopsia a descoperit că făcuse crampe la picioare din pricina alcoolului și a impactului săriturii. Era beznă când a sărit, apa neagră contopindu-se cu întunericul nopții. Cei de pe mal nu au văzut de unde striga după ajutor. Auzeau doar plescăiturile apei și strigătele. Părinții lui mi-au spus ulterior că înota foarte prost. Nu știusem.

Abia după douăsprezece ore de la accident am putut să plâng. Era dimineață, mă întorceam acasă, în Austin, cu mașina. L-am sunat pe tatăl meu și i-am spus că sunt încă aproape de Dallas și că nu ajung la serviciu (lucram pentru el în vara aceea). „De ce, ce s-a întâmplat?“, m-a întrebat el. „E totul în regulă?“ Și atunci am izbucnit: arteziană. Bocete, țipete, muci. Am tras pe dreapta, am strâns telefonul la ureche și am plâns așa cum plânge un băiat în fața tatălui său.

În vara aceea am făcut o depresie puternică. Nu era prima oară, dar descopeream acum un sentiment al zădărniciei cum nu mai trăisem — o tristețe atât de profundă că mă durea fizic. Eram vizitat de oameni care încercau să mă înveselească, iar eu stăteam întins și-i urmăream cum îmi spuneau ceea ce trebuia și făceau ceea ce trebuia; după care le mulțumeam și le spuneam că a fost drăguț că m-au vizitat, zâmbeam fals și îi asiguram că sunt din ce în ce mai bine, însă eram gol pe dinăuntru.

Pe Josh l-am visat câteva luni mai târziu. Erau vise în care discutam înflăcărați despre viață și moarte, dar și despre lucruri banale, întâmplătoare. Până atunci, fusesem un adolescent zăpăcit din clasa de mijloc, destul de tipic: leneș, iresponsabil, care nu se simțea în largul lui printre ceilalți și profund nesigur. În multe sensuri, Josh era un model pentru mine. Era mai mare, mai încrezător, mai experimentat, mai senin și mai deschis spre lumea din jurul lui. Într-unul din ultimele vise cu el, stăteam împreună într-un jacuzzi (da, cam ciudat, știu), iar eu i-am spus ceva de genul, „Îmi pare foarte rău că ai murit“. A râs. Nu-mi amintesc exact cuvintele lui, dar mi-a răspuns cam așa: „Ce-ți pasă că am murit eu, când ție îți este în continuare atât de frică să trăiești?“ M-am trezit plângând.

Vara mi-am petrecut-o pe canapeaua maică-mii, privind absent în așa-zisul abis, contemplând golul nesfârșit și de neînțeles pe care-l lăsase prietenia cu Josh, când mi-am dat seama că, așa cum nu există niciun motiv să faci ceva, nu există niciun motiv nici să *nu* faci ceva; că moartea este inevitabilă, așa că nu am niciun motiv să mă predau în fața fricii, rușinii și a regretului, din moment ce oricum nu există nimic; și că evitând mare parte din scurta mea viață orice a fost dureros sau inconfortabil, am evitat de fapt să trăiesc cu adevărat.

În vara aceea am renunțat la iarbă, țigări și jocuri video. Am renunțat la fantezia mea caraghioasă de-a deveni star rock, am abandonat școala de muzică și m-am înscris la colegiu. Am început să merg la sala de gimnastică și am dat jos câteva kilograme. Mi-am făcut prieteni noi. Prima iubită. Pentru prima oară în viața mea, chiar am învățat pentru cursuri, descoperind uluit că pot lua note foarte bune, doar să-mi pese. În vara următoare, m-am forțat să citesc cincizeci de cărți de non-ficțiune în cincizeci de zile. Am făcut-o. În anul următor, m-am mutat la o universitate prestigioasă în celălalt capăt al țării, unde am excelat pentru prima oară în viața mea, atât academic, cât și social.

Moartea lui Josh este cel mai distinctiv episod de tipul înainte/după din câte pot identifica în viața mea.

Înainte de tragedie, eram inhibat, lipsit de ambiție, veșnic obsedat și îngrozit de ce-mi imaginam că crede lumea despre mine. După tragedie, m-am transformat într-o altă persoană: responsabil, curios, muncitor. Nesiguranțele și tot bagajul meu n-au dispărut — pentru că nu dispar niciodată — dar aveam acum lucruri mai importante de care să-mi pese, dincolo de nesiguranțe și bagaj emoțional. Asta a fost marea diferență. Straniu cum moartea unui om mi-a permis să trăiesc cu adevărat. Și, probabil, momentul cel mai urât din viața mea a fost și cel care m-a transformat radical.

Moartea ne sperie. Și pentru că ne sperie, evităm să ne gândim la ea, să vorbim despre ea, uneori și să o recunoaștem, chiar și când trece foarte aproape de noi.

Totuși, în mod bizar, moartea este lumina în care evaluăm sensul întregii noastre vieți. Fără ea, totul ar fi lipsit de substanță, toate experiențele ar fi arbitrare, iar standardele și valorile noastre ar deveni brusc nule.

Ceva dincolo de noi

Ernest Becker a fost un proscris al lumii academice. Și-a luat doctoratul în antropologie în 1960, cu o teză în care compara practicile neobișnuite și neconvenționale ale budismului zen și psihanalizei. La vremea aceea, zenul era ceva pentru hipioți și drogați, iar psihanaliza era o șarlatanie din Epoca de Piatră.

La primul său loc de muncă, ca asistent, Becker s-a integrat rapid într-un grup de oameni ce denunțau psihiatria ca formă de fascism. Practica psihiatrică era considerată o formă neștiințifică de oprimare a celor slabi și neajutorați.

Problema era că șeful lui Becker era psihiatru. Ca și cum ai merge mândru la primul tău loc de muncă și l-ai compara pe șef cu Hitler.

A fost concediat, cum vă puteți imagina.

Așa că Becker a plecat cu ideile sale radicale spre locuri în care ar fi fost mai ușor acceptate: Berkeley, California. Dar n-a prins rădăcini nici aici.

Pentru că Becker n-a avut probleme doar din pricina tendințelor sale anti-instituționale, ci și din cauza metodei sale ciudate de predare. Preda psihologie folosind piesele lui Shakespeare; antropologie cu manuale de psihologie și sociologie cu date din antropologie. Se îmbrăca în Regele Lear, provoca la duel în timpul cursurilor și se lansa în polemici politice care aveau prea puțin de-a face cu planul de învățământ. Studenții îl adorau. Restul cadrelor didactice îl detestau. A fost concediat din nou în mai puțin de un an.

Becker a ajuns apoi la San Francisco State University, unde a rezistat mai mult de un an. Însă, când au izbucnit protestele împotriva războiului din Vietnam, universitatea a chemat Garda Națională și lucrurile au luat o întorsătură violentă. Becker a fost concediat pe loc pentru că s-a alăturat studenților și a condamnat public acțiunile decanului (șeful era și de data asta comparat cu Hitler etc.).

Becker a schimbat patru locuri de muncă în șase ani. Înainte de a schimba al cincilea loc de muncă, a făcut cancer la colon. Prognosticul a fost sumbru. Și-a petrecut următorii ani la pat, cu puține șanse de supraviețuire. S-a hotărât să scrie o carte. O carte despre moarte.

Becker a murit în 1974. Cartea lui, *The Denial of Death*, avea să câștige premiul Pulitzer și să devină una dintre cele mai influente lucrări ale secolului douăzeci, revoluționând domeniile psihologiei și antropologiei și aducând argumente filosofice profunde, valabile și azi.

Pe scurt, *The Denial of Death** susține două idei:

1. Omul este singurul animal care are capacitatea de a conceptualiza și de a gândi în termeni abstracți despre sine. Câinele nu-și face griji legate de carieră. Pisicile nu se gândesc la greșelile trecutului și nu se întreabă ce s-ar fi întâmplat dacă procedau altfel. Maimuțele nu evaluează posibilitățile viitorului, tot așa cum peștii nu se întreabă dacă alți pești i-ar simpatiza mai mult în caz că ar avea aripioare mai lungi.
   Ca oameni, suntem binecuvântați cu abilitatea de a ne imagina situații ipotetice, de a

* *Negarea morții. (N.t.)*

contempla trecutul și viitorul, de a ne închipui realități și situații diferite. Becker susține că datorită acestei abilități, fiecare dintre noi devine la un moment dat conștient de caracterul inevitabil al propriei morți. Fiind capabili să conceptualizăm viziuni alternative ale realității, suntem singurele animale capabile să imagineze o realitate din care nu mai facem parte. Această conștientizare dă naștere la ceea ce Becker numea „teroarea morții", un tip foarte profund de anxietate existențială, care stă la baza a *tot* ce gândim și spunem.

2. Cea de-a doua idee a lui Becker pleacă de la premisa că omul are două „euri". Primul este eul fizic — cel care mănâncă, doarme, sforăie și face caca. Al doilea este eul conceptual — identitatea sau felul în care ne percepem. Argumentul lui Becker este următorul: fiecare dintre noi este conștient, într-o măsură mai mică sau mai mare, că eul fizic va muri în cele din urmă, că moartea este inevitabilă, iar iminența ei — la nivel inconștient — ne sperie îngrozitor de tare. Prin urmare, pentru a compensa spaima pierderii inevitabile a eului fizic, încercăm să construim un eu conceptual care să trăiască pentru totdeauna. De asta vor oamenii să-și lase numele pe clădiri, statui, cotoare de cărți. De asta simțim nevoia de a petrece atât de mult timp oferindu-ne celorlalți, în special copiilor, în speranța că influența noastră — eul

conceptual — va rezista dincolo de dispariția eului fizic. Că vom fi pomeniți, respectați și idolatrizați multă vreme după dispariția noastră fizică.

Becker numea aceste eforturi „proiecte de nemurire", proiecte ce permit eului conceptual să supraviețuiască multă vreme după dispariția eului fizic. Întreaga civilizație umană, spunea el, este practic rezultatul proiectelor de nemurire: orașele, guvernele, structurile și autoritățile de azi sunt proiectele de nemurire ale bărbaților și femeilor care au trăit înaintea noastră. Sunt rămășițele eurilor conceptuale care au refuzat să piară. Nume ca Iisus, Mahomed, Napoleon și Shakespeare sunt azi la fel de răsunătoare ca în timpul vieții celor care le-au purtat, dacă nu chiar mai răsunătoare. Asta e ideea principală. Că excelăm într-o formă de artă, cucerim noi pământuri, adunăm bogății nemaivăzute sau pur și simplu ne întemeiem o familie mare și iubitoare care supraviețuiește de-a lungul generațiilor, *tot sensul vieții noastre este modelat de dorința inerentă de-a nu muri niciodată.*

Religia, politica, sportul și inovațiile tehnologice sunt rezultatele proiectelor de nemurire. Becker susține că războaiele, revoluțiile și crimele în masă sunt consecința ciocnirii dintre proiectele de nemurire ale unor grupuri diferite de oameni. Secole de opresiune și războaie sângeroase au fost justificate de nevoia unor grupuri de a-și apăra proiectele de nemurire de amenințarea altor grupuri.

Dar când proiectele de nemurire eșuează, când avem impresia că totul e lipsit de sens și perspectiva ca eul conceptual să supraviețuiască celui fizic nu mai pare posibilă sau probabilă, teroarea morții — anxietatea aceea oribilă, deprimantă — își face din nou loc în mintea noastră. Traumele pot provoca apariția terorii, la fel ca rușinea și ridiculizarea socială. Și la fel ca, spune Becker, tulburarea mentală.

Dacă încă nu v-ați prins, să știți că proiectele de nemurire sunt valorile noastre. Sunt barometrele ce măsoară sensul și valoarea vieții. Când valorile dau greș, dăm greș și noi, din punct de vedere psihologic. Pe scurt, Becker spune că ne pasă de lucrurile din jurul nostru din frică, întrucât preocuparea față de ceva este singura modalitate prin care ne putem distrage atenția de la realitate și de la iminența propriei morți. A nu-ți păsa cu adevărat înseamnă a atinge o stare cvasi-spirituală de acceptare a efemerității propriei existențe. O stare care ne ajută să nu ne lăsăm copleșiți de diferite forme ale convingerii că ni se cuvine totul.

Ulterior, pe patul de moarte, Becker a ajuns la o revelație copleșitoare: proiectele de nemurire ale oamenilor sunt problema, nu soluția; în loc să încerce să-și impună, adesea cu prețul unor vieți omenești, sinele conceptual pe tot cuprinsul lumii, oamenii ar face mai bine dacă și-ar analiza sinele conceptual și s-ar familiariza cu realitatea propriei morți. Becker numea asta „antidotul amar“, pe care a încercat să și-l administreze chiar lui în momentele în care medita asupra propriei dispariții. Moartea e îngrozitoare, dar inevitabilă. Prin urmare, n-ar trebui să evităm acest adevăr, ci mai curând să-l acceptăm cât de mult ne stă în putere. Odată împăcați cu realitatea propriei morți — teroarea primară, anxietatea inerentă care motivează toate ambițiile frivole ale vieții — ne putem alege mai liber valorile, eliberați de căutarea ilogică a nemuririi și de viziuni dogmatice periculoase.

Partea luminoasă a morții

Sar din piatră în piatră, continui să urc hotărât, mușchii picioarelor îmi sunt întinși și dau semne de durere. Mă apropii de vârf, în starea aceea ca de transă pe care ți-o oferă exercițiul fizic lent și repetitiv. Cerul e deschis și nesfârșit. Sunt singur. Prietenii mei se află mult în urma mea, fotografiază oceanul.

În cele din urmă, escaladez o mică ridicătură și panorama se deschide în fața mea. Văd orizontul infinit. Parcă aș privi capătul pământului, acolo unde apa întâlnește cerul, albastru pe albastru. Vântul îmi șuieră pe piele. Mă uit în sus. E luminos. E frumos.

Mă aflu la Capul Bunei Speranțe, în Africa de Sud, locul despre care se credea cândva că este vârful cel mai sudic al Africii și al lumii. E un loc agitat, un loc al furtunilor dese și-al apelor înșelătoare. Un loc care a văzut secole de transformări, negoț și strădanii omenești. Un loc, în mod ironic, al speranțelor pierdute.

Portughezii au o vorbă: *Ele dobra o Cabo da Boa Esperança*, ceea ce înseamnă „Ăsta se învârte în jurul Capului Bunei Speranțe". Conține o ironie, fiindcă sensul este că persoana respectivă se află în ultima fază a vieții, că de-aici înainte nu mai poate realiza nimic.

Înaintez pe stânci spre nemărginirea albastră, lăsând-o să-mi cuprindă întreg câmpul vizual. Transpir, dar mi-e frig. Sunt încântat, dar neliniștit. *Asta să fie?*

Vântul îmi vâjâie pe lângă urechi. Nu aud nimic, dar văd marginea: acolo unde stâncile se întâlnesc cu uitarea. Mă opresc pentru un moment, la câțiva metri distanță. Văd oceanul sub mine, cum mângâie și învelesc în spumă stâncile ce se întind pe kilometri de-o parte și de alta. Valurile se izbesc furioase de pereții impenetrabili. În față mă așteaptă o cădere în gol de cel puțin patruzeci și cinci de metri până la apa de dedesubt.

În dreapta îi văd pe turiștii risipiți de colo-colo, făcând poze, aranjați în formații ca furnicile. În stânga mea e Asia. În fața mea e cerul, iar în spatele meu sunt eu, cu toate speranțele mele și tot ce am acumulat până acum.

Dacă pur și simplu asta e? Dacă asta e tot?

Privesc împrejur. Sunt singur. Fac primul pas spre marginea prăpastiei.

Corpul uman pare dotat din naștere cu un radar care depistează situațiile ce pot fi mortale. De pildă, când te apropii la mai puțin de trei metri de marginea unei stânci, și unde nu există balustradă, corpul ți-e cuprins de o anumită tensiune. Spatele înțepenește. Pielea se strânge. Privirea începe să înregistreze toate detaliile din jur. Picioarele par de plumb. Ca și cum un magnet invizibil, de mari dimensiuni, te-ar trage înapoi la loc sigur.

Dar eu lupt cu magnetul și îmi târâi picioarele de plumb mai aproape de margine.

Când ajungi la un metru și jumătate de prăpastie, intră și mintea în joc. De-acum vezi nu doar marginea prăpastiei, ci și *adâncimea* ei, detaliu ce provoacă tot felul de scenarii nedorite, în care te împiedici, cazi și ai parte de o moarte șocantă. E departe al naibii, îți amintește mintea. Foarte, *foarte* departe. *Omule, ce faci? Nu te mai mișca. Oprește-te.*

Îi spun minții să tacă și înaintez cu pași mici.

Când ajungi la un metru de prăpastie, corpul intră complet în alertă de gradul zero. E de ajuns să ți se dezlege șiretul întâmplător că totul e gata, s-a sfârșit. Simți că o rafală mai puternică ar putea să te expedieze în eternitatea aceea albastră tăiată în două. Îți tremură picioarele. Și mâinile. Și vocea, în caz că ai nevoie să-ți reamintești că nu ești pe punctul de-a te arunca în propria moarte.

Distanța de un metru este limita absolută pentru majoritatea oamenilor. Este suficient de aproape cât să te apleci în față și să vezi fundul prăpastiei, totuși suficient de departe cât să simți că nu riști totuși să te sinucizi. Când stai atât de aproape de marginea unei stânci, fie ea la fel de frumoasă și de hipnotică precum Capul Bunei Speranțe, trăiești o senzație de amețeală destul de serioasă și riști să vomiți tot ce ai mâncat la ultima masă.

Asta e? Asta e tot ce există? Știu deja tot ce aș putea afla vreodată?

Mai fac un pas minuscul, apoi încă unul. Am ajuns la cincizeci de centimetri de buză. Piciorul din față vibrează în momentul în care mut greutatea corpului pe el. Îi târâi în față. Împotriva magnetului. Împotriva minții mele. Împotriva tuturor instinctelor de supraviețuire.

Treizeci de centimetri. De-acum privesc direct peretele stâncii. Simt brusc nevoia să plâng. Corpul se strânge instinctiv, protejându-se de ceva imaginar și inexplicabil. Vântul bate în rafale. Gândurile lovesc cu putere.

La treizeci de centimetri simți că plutești. Dacă nu privești în jos, simți că ești una cu cerul. Pe undeva, te-aștepți să cazi în orice clipă.

Mă ghemuiesc acolo câteva clipe, cât să-mi trag sufletul și să-mi adun gândurile. Mă forțez să privesc apa care lovește stâncile de sub mine. Privesc din nou în dreapta mea la furnicuțele care fac rotocoale în jurul semnelor de sub mine, fac poze și urmăresc autocarele turistice, sperând aiurea că cineva mă va observa. Această dorință de atenție este complet irațională. Dar tot ce se întâmplă aici este irațional. E imposibil să mă repereze aici, sus. Și chiar dacă m-ar vedea, oamenii aceia sunt prea departe ca să spună sau să facă ceva.

Aud doar vântul.

Asta e?

Corpul mi se cutremură; frica devine euforică și orbitoare. Încerc să intru într-o stare de meditație care să mă ajute să mă concentrez și să-mi limpezesc gândurile. Nimic nu te face mai prezent și mai conștient ca apropierea la câțiva centimetri de propria moarte. Îmi îndrept spinarea, privesc din nou în depărtare și-mi dau seama că zâmbesc. Îmi reamintesc că e firesc să mori.

Această bucurie, ba chiar exuberanță în fața morții are rădăcinile în Antichitate. Stoicii din Antichitatea greacă și romană îi implorau pe oameni să se gândească întotdeauna la moarte, pentru a aprecia mai mult viața și a rămâne umili în fața obstacolelor. În multe curente budiste, practica meditației este adesea predată ca o metodă de pregătire pentru moarte încă din timpul vieții. Dizolvarea eului în nemărginirea nimicului — adică dobândirea stării de iluminare nirvana — e considerată un antrenament pentru trecerea în neființă. Chiar și Mark Twain, caraghiosul ăla cu părul vâlvoi care a venit și a plecat de pe Pământ odată cu cometa Halley*, spunea: „Frica de moarte vine din frica de viață. Omul care trăiește din plin e pregătit să moară oricând".

Înapoi pe stâncă, m-am aplecat, lăsându-mă ușor pe spate. Am pus palmele pe pământul din spatele

---

* Mark Twain s-a născut și a murit în anii în care a fost vizibilă de pe Pământ cometa Halley. *(N.t.)*

meu și m-am lăsat ușor în fund. Am întins un picior încet peste marginea stâncii. Din stâncă ieșea o piatră mică. Mi-am odihnit piciorul pe ea. Mi-am scos și celălalt picior și l-am așezat pe aceeași piatră. Am rămas așa un moment, lăsându-mi greutatea în palmele sprijinite de pământ, în timp ce vântul îmi răvășea părul. Atâta timp cât privesc spre orizont, anxietatea e suportabilă.

Apoi m-am ridicat în picioare și am privit din nou în josul stâncii. Frica mi-a traversat din nou corpul, electrizându-mi extremitățile și ascuțindu-mi percepția asupra fiecărui centimetru din corpul meu. În unele momente, frica mă sufocă. Dar când simt că mă sufocă, îmi golesc mintea de gânduri, îmi concentrez atenția pe fundul râpei de sub mine, mă oblig să privesc posibilul meu sfârșit, încercând pur și simplu să conștientizez că există.

Iată-mă pe marginea lumii, în punctul cel mai sudic al speranței, în pragul porții către Est. Sentimentul este exaltant. Simt cum circulă adrenalina prin organism. Stau nemișcat, sunt atât de conștient de mine însumi, nu-mi amintesc să fi trăit vreodată o senzație mai copleșitoare. Ascult vântul, privesc oceanul și contemplu marginile pământului — apoi râd cu lumina, cea care binecuvântează totul.

Este foarte important să privim în față realitatea propriei efemerități, întrucât ne vindecă de valorile superficiale, fragile și prostești ale vieții. În vreme ce majoritatea oamenilor se limitează la a alerga să facă bani, să obțină încă un strop de atenție și faimă, încă o asigurare că au dreptate sau că sunt iubiți, moartea ne confruntă cu o întrebare mult mai dureroasă și mai importantă: Ce rămâne după noi?

Așa cum sublinia Becker, aceasta s-ar putea să fie *singura* întrebare importantă în viață. Și totuși, evităm să ne gândim la ea. În primul rând, pentru că e greu. Apoi, pentru că ne sperie. Și, în al treilea rând, pentru că habar n-avem ce facem.

Evitând-o, permitem unor valori triviale și greșite să ne domine mintea și să preia controlul asupra dorințelor și ambițiilor noastre. În lipsa conștientizării spectrului omniprezent al morții, confundăm ce e superficial cu ce e important și ce e important cu ce este superficial. Moartea este singura noastră certitudine. De aceea, trebuie să devină busola după care ne orientăm toate celelalte valori și decizii. Ca să te împaci cu moartea, trebuie să vezi ca o mică parte din ceva mai mare decât tine însuți; să alegi valori ce trec dincolo de satisfacerea propriilor nevoi, valori simple, imediate, controlabile și tolerante în lumea haotică în care trăim. Aceasta este condiția care stă la baza fericirii. Că-l asculți pe Aristotel, pe psihologii de la Harvard, pe Iisus Hristos sau, la naiba, pe ăia de la Beatles, toți îți vor spune același lucru: ca să fii fericit trebuie să găsești ceva mai mare decât tine de care să-ți pese, trebuie să crezi că ești o componentă funcțională dintr-o entitate mult mai mare, că viața ta e doar un proces secundar într-o regie misterioasă. Pentru sentimentul ăsta merg oamenii la biserică; pentru asta luptă în războaie; pentru asta își întemeiază familii, fac economii, construiesc poduri și inventează telefoane mobile: pentru sentimentul efemer că fac parte din ceva mai mare și mai misterios decât ei.

Iar convingerea că ni se cuvine totul ne răpește șansa asta. Forța gravitațională a acestei convingeri absoarbe toată atenția în interior, către propria persoană, și ne face să simțim că *noi* suntem centrul tuturor problemelor din univers, că *noi* suferim toate nedreptățile, că *noi* merităm toate laudele.

Oricât de ispititoare ar fi, această convingere că totul ni se cuvine ne izolează. Curiozitatea și bucuria cu care privim lumea devin instrumentele cu care ne privim pe noi înșine și ajung să reflecte propriile erori și proiecții asupra oricărei persoane întâlnite și a oricărui eveniment trăit. Sună incitant și s-ar putea să fie minunat o vreme și să vândă multe bilete, dar e o otravă spirituală.

Azi tocmai de aceste răni suferim. O ducem atât de bine material, dar psihic suntem tulburați la modul cel mai josnic și superficial. Oamenii refuză responsabilitatea, pretinzând că societatea ar trebui să aibă grijă de sentimentele și de sensibilitatea *lor*. Oamenii țin cu dinții de certitudinile lor arbitrare, încercând să le impună altora, uneori prin violență, în numele unor cauze nobile inventate. Oamenii, amețiți de senzația unei false superiorități, devin pasivi și letargici, prea speriați că vor da greș ca să mai încerce să facă ceva important.

Faptul că am fost obișnuiți să ni se facă toate hatârurile a dat naștere unei populații care simte că merită ceva ce nu a câștigat prin propriile forțe, o populație care simte că are drepturi, fără sacrificii. Oamenii se autoproclamă experți, antreprenori, inventatori, inovatori, rebeli și instructori, fără a avea o experiență autentică de viață. Și nu o fac pentru că s-ar *crede* cu adevărat mai grozavi decât toți ceilalți, ci pentru că simt că *trebuie să fie grozavi* pentru a fi acceptați într-o lume interesată numai de extraordinar.

Cultura contemporană confundă atenția exagerată cu succesul nemaipomenit, crezând că sunt unul și același lucru. Dar nu sunt.

Ești grozav. Deja. Fie că-ți dai seama, fie că nu. Fie că-și dă cineva seama, fie că nu. Și nu pentru că ai lansat o aplicație de iPhone, că ai terminat școala cu un an mai devreme sau că ți-ai cumpărat o barcă trăsnet. Nu lucrurile astea definesc faptul de a fi grozav.

Ești grozav pentru că alegi de ce să-ți pese și de ce să nu-ți pese, în ciuda confuziei nesfârșite și a morții inevitabile. Acest fapt banal, simpla alegere a valorilor vieții tale, te face deja frumos, iubit și plin de succes. Chiar dacă nu-ți dai seama. Chiar dacă dormi într-un canal și ești lihnit de foame.

Și tu vei muri, pentru că și tu ai avut suficient noroc cât să te naști. Poate că nu simți asta. Du-te într-o zi pe marginea unei prăpăstii și poate vei simți.

Bukowski scria cândva: „Toți vom muri, toți până la ultimul. Ce balamuc! Numai pentru asta și ar trebui să ne iubim unii pe ceilalți, dar nu ne iubim. Suntem terorizați și aplatizați de mizeriile vieții; suntem consumați de nimicuri".

Mă întorc la noaptea de pe lac, când i-am văzut pe paramedici scoțând la mal trupul neînsuflețit al amicului meu, Josh. Îmi amintesc cum mă uitam în gol în bezna nopții texane și simțeam cum mi se dizolvă încet eul. Moartea lui Josh m-a învățat mai mult decât mi-am dat seama la început. Da, m-a ajutat să trăiesc mai deplin prezentul, să-mi asum responsabilitatea deciziilor mele, să-mi urmez visurile cu mai mult curaj.

Dar acestea au fost doar efectele secundare ale unei lecții profunde și esențiale. Lecția este următoarea: nu ai de ce să te temi. Niciodată. Și singurul lucru care m-a ajutat să nu uit această lecție a fost să-mi amintesc permanent că voi muri — prin meditație, filosofie sau chestii nebunești, cum ar fi să mă cațăr pe o stâncă în Africa de Sud. Acceptarea morții și înțelegerea propriei mele fragilități au făcut totul mai ușor — m-au ajutat să-mi analizez dependențele, să identific și să-mi înfrunt propriile convingeri că sunt îndreptățit să primesc lucruri, să-mi asum responsabilitatea față de propriile probleme — suferința provocată de fricile și nesiguranțele mele, acceptarea eșecurilor și a respingerilor — toate au fost mai ușoare fiindcă mi-am reamintit mereu de iminența propriei morți. Cu cât privesc mai adânc în întunericul meu, cu atât viața devine mai luminoasă, cu cât lumea devine mai liniștită, cu atât mai puține rezistențe inconștiente simt... față de orice.

Rămân câteva minute bune pe vârful stâncii, la Capul Bunei Speranțe, încercând să mă contopesc cu tot ce se află în jurul meu. Când mă hotărăsc să mă ridic, mă sprijin cu mâinile la spate și mă retrag cu o mișcare rapidă. Apoi, încet, mă ridic. Verific pietrele din jurul meu — să fiu sigur că nu mă sabotează nicio piatră ieșită de la locul ei. După ce mă conving că sunt în siguranță, încep să mă întorc la realitate — un metru și jumătate, trei metri — corpul revine la normal cu fiecare pas. Pășesc mai ușor de-acum. Las magnetul vieții să mă tragă înapoi.

În timp ce trec pe lângă niște pietroaie ca să ajung la cărarea principală, văd un bărbat care se uită la mine. Mă opresc și-l privesc în ochi.

„Ăă, te-am văzut stând pe margine, acolo“, îmi spune bărbatul. Are accent australian. Cuvântul „acolo“ iese ciudat din gura lui. Arată cu mâna spre Antarctica.

„Mda. Minunată priveliște, nu-i așa?“ Zâmbesc. El nu zâmbește. Are o expresie serioasă.

Îmi șterg palmele de pantaloni; corpul încă îmi tremură după capitulare. E o liniște stranie.

Australianul rămâne perplex pentru o secundă, cu privirea ațintită asupra mea, gândindu-se, evident, ce să zică în continuare. După un moment, își alege cu grijă cuvintele.

„E totul în regulă? Cum te simți?“

Aştept o clipă, apoi zâmbesc. „Viu. Foarte viu."

Expresia de neîncredere îi dispare şi-i văd zâmbetul. Dă discret din cap şi se îndreaptă către cărare. Eu rămân sus, să mai admir peisajul şi să-i aştept pe amicii mei să ajungă pe vârf.

Mulțumiri

Cartea asta a început ca o mare harababură. Pentru a scoate ceva coerent din ea, a fost nevoie și de alte mâini în afară de ale mele.

În primul rând și mai întâi, îi mulțumesc genialei și preafrumoasei mele soții, Fernanda, care nu ezită să-mi spună nu atunci când am mai mare nevoie să aud un nu. Nu doar că mă faci un om mai bun, dar iubirea ta necondiționată și feedback-ul constant oferit pe parcursul scrierii acestei cărți au fost indispensabile.

Părinților mei, pentru că m-au suportat în toți anii ăștia și continuă să mă iubească. Simt că, în multe sensuri, am devenit adult abia după ce am înțeles mai multe dintre conceptele discutate în cartea asta. Ce bucurie să vă pot cunoaște ca adult în anii din urmă. La fel și fratelui meu: nu m-am îndoit niciodată că respectul și dragostea pe care ți le port sunt reciproce, chiar dacă uneori sufăr ca un câine când nu-mi răspunzi la mesaje.

Lui Philip Kemper și David Birnie — două creiere uriașe plănuiesc să-mi facă creierul să pară mai mare decât este în realitate. Eforturile și inteligența voastră nu încetează să mă uimească.

Lui Michael Covell, testul meu de anduranță intelectuală, în special când vine vorba de înțelegerea studiilor psihologice, dar și pentru că m-a provocat să-mi pun la îndoială propriile idei. Editorului meu, Luke Dempsey, pentru că a fost nemilos cu toate hibele din cartea mea și pentru gura lui, probabil chiar mai spurcată decât a mea. Agentului meu, Mollie Glick, pentru că m-a ajutat să definesc viziunea acestei cărți și i-a deschis drumul în lume mult mai departe decât aș fi sperat. Lui Taylor Pearson, Dan Andrews și Jodi Ettenburg, pentru susținerea lor în tot acest proces; datorită vouă am rămas responsabil și întreg la cap, două calități de care are nevoie orice scriitor.

Și, în fine, milioanelor de oameni care, din nu se știe ce motiv, au ales să citească blogul cu articole despre viață al unui zevzec nenorocit din Boston. Avalanșa de mesaje primite de la oameni dispuși să-și dezvăluie aspectele cele mai intime ale vieții lor față de mine, un străin, mă face să mă înclin și mă inspiră. Am petrecut, până acum, mii de ore citind și studiind aceste subiecte. Însă voi rămâneți adevărata mea educație. Vă mulțumesc.

Tipar: ARTPRINT
E-mail: office@artprint.ro
Tel.: 021 336 36 33